Was leistet die Diakonie fürs Gemeinwohl?

# Was leistet die Diakonie fürs Gemeinwohl?

## Diakonie als gesellschaftliche Praxis des Öffentlichen Protestantismus

herausgegeben von

Christian Albrecht

Mohr Siebeck

*Christian Albrecht*, geboren 1961, Professor für Praktische Theologie an der Evangelisch-Theologischen Fakultät der Ludwig-Maximilians-Universität München.
orcid.org/0000-0003-3465-5585

ISBN 978-3-16-156268-6 / eISBN 978-3-16-156269-3
DOI 10.1628/978-3-16-156269-3

Die Deutsche Nationalbibliothek verzeichnet diese Publikation in der Deutschen Nationalbibliographie; detaillierte bibliographische Daten sind im Internet über *http://dnb.dnb.de* abrufbar.



Das Buch wurde von Computersatz Staiger in Rottenburg/N. aus der Stempel-Garamond gesetzt, von Laupp & Göbel in Gomaringen auf alterungsbeständiges Werkdruckpapier gedruckt und von der Buchbinderei Nädele in Nehren gebunden.

Printed in Germany.

# Vorwort

Die politischen Ereignisse der zurückliegenden Jahre haben gezeigt, wie fragil die Ideale von Demokratie, Rechtsstaat und sozialer Ausgewogenheit sind. In einem zuvor kaum für möglich gehaltenen Maß ist die gesellschaftliche Polarisierung zum Bestandteil des Alltages geworden. Fragen nach den Gründen und Kräften des gesellschaftlichen Zusammenhaltes gewinnen an Gewicht. Es zeigt sich, dass auch moderne, differenzierte Gesellschaften kaum ohne gemeinsame Vorstellungen des Guten auskommen.

Das Christentum ist von jeher nicht nur eine innerliche Glaubensgemeinschaft gewesen, sondern als Praxisgemeinschaft auch eine politische Bewegung. Das gilt insbesondere für das neuzeitliche evangelische Christentum in seinen diakonischen Ausformungen. Die Überzeugung, dass Menschen unabhängig von ihrer körperlichen und geistigen Verfassung, unabhängig von ihrer Volkszugehörigkeit, ihrem Geschlecht und ihrer sexuellen Orientierung als Geschöpfe Gottes und damit als gleichberechtigte Mitbürger anzuerkennen sind, hat sich in tätiger Nächstenliebe ebenso wie in der sozialen Anwaltschaft für die Schwachen realisiert. Die Diakonie hat einen respektablen Anteil daran, dass in den letzten eineinhalb Jahrhunderten christliche Überzeugungen leitend geworden sind für die Praxis eines befriedeten gesellschaftlichen Zusammenlebens, in dem der Respekt vor der Verschiedenheit der Einzelnen in Beziehung gesetzt wird mit der Achtung des überindividuell Gültigen.

Angesichts der gegenwärtigen gesellschaftlichen Aufweichungen solcher Überzeugungen und der politischen Umbrüche stellen sich der Diakonie neue Herausforderungen. Auch wenn es andere, nicht-religiöse Begründungen für gemeinwohlorientierte Überzeugungen gibt, spricht doch vieles dafür, dass die Kraft, sie gesellschaftlich und politisch wirksam werden zu lassen, vor allem über religiöse Traditionen vermittelt und am Leben gehalten wird. Dafür steht die Diakonie wie kaum ein anderer gesellschaftlicher Akteur.

Mit diesen Beobachtungen ist die Frage nach der Bedeutung der Diakonie für den Öffentlichen Protestantismus[1] aufgeworfen. Dies ist ein jüngerer Programmbegriff, unter dem die gesellschaftliche Präsenz und die politischen Aufgaben des evangelischen Christentums thematisiert werden. Das macht schon deutlich: Es werden keine neue Form und kein neuer Raum des Protestantismus herbeigeredet, sondern es wird eine alte Dimension des evangelischen Christentums insgesamt in den Blick genommen. Denn gemeint ist das evangelische Christentum, insofern es sich – in der Orientierung an der kirchlichen Situation der jeweiligen Gegenwart, bezogen auf individuelle Träger und eingebettet in die Gegenwartskultur – mit den Voraussetzungen des gesellschaftlichen Zusammenhalts befasst sowie mit den Überzeugungen, die für ein liberales Gemeinwesen unabdingbar sind. Als Öffentlicher Protestantismus zielt das evangelische Christentum darauf, den Glauben am Ort des Einzelnen wie auch in der Sphäre des Politischen zur Geltung zu bringen als Ausrichtung auf gesellschaftlichen Zusammenhang hin – in traditioneller Begrifflichkeit: auf das Gemeinwohl hin, das verstanden wird als der verbindende Rahmen, der ein freiheitsorientiertes Leben unter den Bedingungen der Pluralität ermöglicht. Öffentlicher Protestantismus steht für eine Grundierung des gesellschaftlichen Zusammenlebens aus dem Geist des evangelischen Christentums, das sich an politischen Debatten kritisch und konstruktiv beteiligt mit dem Ziel, Freiheit in der Gemeinschaft zu ermöglichen – indem auf unhintergehbaren Freiheitsrechten des Einzelnen ebenso bestanden wird wie auf der Bereitschaft, die daraus resultierenden gesellschaftlichen und politischen Konflikte so auszutragen, dass die Voraussetzungen von Freiheit, Individualität und Pluralität nicht kassiert werden. Öffentlicher Protestantismus ist mithin diejenige Dimension des evangelischen Christentums, in der dieses sich gerade unter modernen Bedingungen der Irreversibilität von Freiheits-, Individualisierungs- und Pluralisierungsprozessen dem *bonum commune* verpflichtet weiß.

Öffentlicher Protestantismus wurde und wird anschaulich in der Ausarbeitung und Vertretung von Ideen, mithin in reflexiver Gestalt – insbesondere aber auch in gesellschaftlich einschlägigen Praxisformen des evangelischen Christentums. Als solche können gelten Tätigkeiten, die im Namen des evangelischen Christentums vollzogen werden und die auf die Bewältigung gesellschaftlicher Aufgaben im Geist des evangelischen Christentums zielen oder für die gesellschaftliche Bearbeitung solcher Aufgaben eine mehr oder weniger unmittelbare Bedeutung haben. Um Beispiele zu nennen: kirchliche Verlautbarungen und Stellungnahmen, die evangelische Bildungsarbeit, die evangelischen Beratungstätigkeiten, die kirchliche Beteiligung in Ethik-Kommissionen, Kirchentage und Gottesdienste lassen sich auch unter dem Aspekt betrachten, inwiefern sie als gesellschaftliche Praxisformen des evangelischen Christentums Funktionen für die soziale Kohäsion haben.

Vor allem aber liegt auf der Hand, dass in diesem Sinne die Diakonie eine zentrale gesellschaftliche Praxisform des evangelischen Christentums darstellt und eine prominente Ausdrucksgestalt des Öffentlichen Protestantismus bildet. Das ist nicht nur rückblickend zu konstatieren, sondern gewinnt insbesondere angesichts der gegenwärtigen, herausforderungsvollen gesellschaftlichen Zentrifugalkräfte Aktualität. So legt es sich nahe, in neuer, intensiver Weise nach den Funktionen und Leistungen der Diakonie für die gesellschaftliche Kohäsion zu fragen. Welche Aufgaben hat eine religiös motivierte, an gesellschaftlicher Wohlfahrt interessierte Diakonie in der Gegenwart – in Tat und Wort? Wie kann die gegenwärtige Diakonie an den Zusammenhang von Christentum und *bonum commune* erinnern – selbstbewusst, doch ohne exkludierenden Gestus? Wie kann die Diakonie sich für die Belebung von Gemeinwohltraditionen einsetzen, ohne sich dem Verdacht des Illiberalismus auszusetzen? Welche Gesprächs- und Bündnispartner hat die Diakonie dabei in der Gegenwart?

Diese und verwandte Fragen sind auf dem traditionellen Bußtagstreffen[2] der Diakonie in der Evangelischen Akademie Tutzing im Herbst 2017 diskutiert worden. Der vorliegende Band dokumentiert die dort gehaltenen Vorträge in überarbeiteter Form und skizziert aus gesellschaftsanalytischen, historisch-sozialwissenschaftlichen und theologischen Perspektiven die Leistungen und Aufgaben der Diakonie als gesellschaftlicher Praxis des Öffentlichen Protestantismus.

Christian Dopheide geht in seiner Einführung in die Themenstellung die oben genannten Leitfragen der Reihe nach durch und wirbt für eine unbefangene Wahrnehmung der gesellschaftlich integrativen Funktionen, die die moderne, dezidiert sozialunternehmerisch tätige Diakonie hat.

Hatice Akyün, geboren in Anatolien, aufgewachsen in Duisburg, beschreibt in sehr persönlicher und anschaulicher Form Momente, Aspekte und Personen, die in der unmittelbaren Nachbarschaft ihrer Kindheit und Jugend zu ihrer eigenen Integration in die deutsche Gesellschaft beigetragen haben. Sie leitet daraus generelle Aufgaben und Funktionen für eine sozialintegrative Diakonie ab.

Christiane Kuller fragt in historischer Perspektive nach dem wechselvollen Verhältnis zwischen Diakonie und Sozialstaat. Sie stellt die gesellschaftlich integrative Bedeutung der Diakonie für die Erfolgsgeschichte des deutschen Sozialstaatsmodells heraus und kann dabei zeigen, dass die Einbindung der Diakonie in den Sozialstaat zwar deren Umfang und Bedeutung förderte, zugleich aber die spezifisch religiöse Motivation der Diakonie immer wieder zu verblassen drohte.

Andreas Busch knüpft in seinem politikwissenschaftlichen Beitrag an diese historischen Ausführungen an, fragt aber in stärker prinzipieller Perspektive nach den Strukturelementen der deutschen Sozialstaatlichkeit und der großen Bedeutung, die die christliche Wohlfahrtspflege darin hat. Dieses Arrangement bestimmt die deutsche Staatlichkeit im Ganzen – und seine Stabilität ist abhängig davon, dass es positive und nützliche Aspekte für Staat und Gesellschaft insgesamt hat.

Christian Albrecht wirft in seinem theologischen Beitrag den Blick auf die Bedeutung der Diakonie dafür, dass religiös grundierte, gemeinsam geteilte Vorstellungen des Guten zivilgesellschaftlich aktuell und lebendig gehalten werden. Er versucht, die gesellschaftlich integrativen Einstellungsmuster auszuformulieren, die die Diakonie in ihren alltäglichen Praxisformen faktisch und implizit präsent hält.

Dank gilt allen an der Tagung Beteiligten für das engagierte Gespräch, dem Verlag Mohr Siebeck für die Aufnahme des Bandes in das Verlagsprogramm, Herrn Dr. Johannes Greifenstein und Frau stud. theol. Antonia Litzenburger für die redaktionelle Bearbeitung des Bandes – und dem Augustinum, der Diakonie Neuendettelsau sowie der Rummelsberger Diakonie dafür, dass sie über die Tagung hinaus auch diese Publikation finanziell großzügig unterstützten.

München, im März 2018 *Christian Albrecht*

# Inhaltsverzeichnis

# Zur Einführung in die Themenstellung

*Christian Dopheide*

## I. Welche Aufgaben hat eine religiös motivierte, an gesellschaftlicher Wohlfahrt interessierte Diakonie in der Gegenwart – in Tat und Wort?

Die Evangelische Stiftung Hephata wurde 1859 in Rheydt gegründet als erste Bildungsanstalt Preußens für Menschen mit einer geistigen Behinderung. Damals herrschte Landflucht in Preußen, ausgelöst durch die Agrarreformen seit 1807, durch welche aus Leibeigenen freie, aber mittellose Landarbeiter wurden. Unzählige junge Leute zogen in die Hot Spots der industriellen Revolution und damit auch zur Textilindustrie am Niederrhein. Bekamen sie Kinder, wurden diese zum Betteln geschickt, auf öffentlichen Druck auch zur Schule, auf jeden Fall aber so schnell wie möglich an den Webstuhl in die Fabrik. War allerdings einmal ein Cretin, ein Blödsinniger oder ein Idiot darunter – wie man damals sagte –, dann blieb den geplagten jungen Eltern nichts anderes übrig, als diesen während der Arbeitszeit in die Besenkammer zu sperren, denn das elterliche Bett war tagsüber meist vergeben an sogenannte Schlafgänger, die auf Nachtschicht arbeiteten und sich keine eigene Bleibe leisten konnten.

Um diese Kinder in den Besenkammern geht es dem Kaiserwerther Theologen Julius Disselhoff, als er im Jahr 1857 eine Schrift veröffentlicht und sie dem preußischen Prinzen als Herrenmeister des Johanniterordens widmet. Sie trägt den Titel: „Die gegenwärtige Lage der Cretinen, Blödsinnigen und Idioten in den christlichen Ländern." Im Schlusswort heißt es dort:

> „Meine Aufgabe ist gelöst. Die Noth der Cretinen, Blödsinnigen und Idioten in den christlichen Ländern liegt Jedem, der sehen will, klar vor Augen. [...] Es liegt eine furchtbare Anklage in der Entdeckung, [...] daß der preußische Staat seine Scheuren und Ställe, seine Schafe und Rinder, nur nicht seine blödsinnigen Kinder kennt! und daß man selbst da, wo ein einzelner Oberpräsident die Zählung der Blöden anordnet, alles Andere sorgfältiger zählt, als sie!"[1]

Was also schon im Neuen Testament galt, das galt auch im 19. Jahrhundert und das gilt deshalb zweifellos auch heute: Diakonie beginnt mit der nüchternen, präzisen Wahrnehmung der Wirklichkeit, und zwar vor allem: der tatsächlichen, individuellen Lebenslage *einzelner* Menschen: „Meine Aufgabe ist gelöst. Die Noth der Cretinen, Blödsinnigen und Idioten [...] liegt jedem, der sehen will, klar vor Augen." Was uns, bei aller Sensibilität für die gesellschaftlichen Ursachen individueller Not, nicht verloren gehen darf, ist deshalb dieses Axiom: Diakonie ist nur dann Diakonie, wenn sie exklusiv interessiert ist an der individuellen Not- und Lebenslage des einzelnen Menschen. Was einmal „Barmherzigkeit" genannt wurde, kehrt deshalb in menschen- und bürgerrechtlicher Perspektive wieder als das Recht des Einzelnen auf Wahrnehmung und Würdigung seiner individuellen Lebenslage.

Diakonie muss aber nicht nur unbeirrbar den einzelnen Menschen im Blick haben. Sie muss auch stracks darauf aus sein, konkret für Menschen *Wirkung* zu erzielen. Und genau das verleiht aller Diakonie vom Fleck weg einen sehr pragmatischen und damit einen *unternehmerischen* Charakter. Wenn ich „unternehmerisch“ sage, dann meine ich damit nicht einen Berufstand, obwohl der barmherzige Samariter ihm ja wohl tatsächlich zugehörte. Mit „unternehmerisch“ meine ich vielmehr berufsunabhängig eine pragmatische, nämlich eine ressourcenbewusste und aufs „Machen“ ausgerichtete Mentalität. Von einer solchen ist Diakonie, sobald sie über die bloße Ausreichung von Almosen hinausgeht, immer geprägt.

Im Falle Hephatas fügten sich die Dinge ganz entsprechend. Der Impuls des Julius Disselhoff wurde vom reformiert geprägten Rheydter Gemeindepfarrer Franz Balke aufgenommen, in dessen Sprengel beide zuhause waren: Ritter des Johanniterordens und wohlhabende protestantische Textilkaufleute, denn Rheydt war eine evangelische Enklave am erzkatholischen Niederrhein. So kam es zu einem staatstragenden Bündnis aus Thron, Altar und Kapital, wobei es die Unternehmer waren, die den Takt vorgaben. Man warb aus der Anstalt Stetten in Württemberg einen jungen Taubstummenlehrer ab und gründete in einem großen Haus mitten in der Stadt ein kleines „StartUp-Unternehmen“. Dort zog Karl Barthold mit seiner Familie und sechs geistig behinderten Kindern ein. Diese waren Selbstzahler. Wegen steigender Nachfrage entschied man sich dann zum Bau einer größeren Anstalt und entwickelte gestaffelte Pflegesätze. Die niedrigsten hatte man mit den Armenkassen der Städte vereinbart. Im Ordensblatt der Johanniter echauffiert man sich darüber, dass die Kämmerer der Städte weder von Abschreibungen noch gar von einer Rendite aufs eingesetzte Kapital etwas verstünden. Hephata hat also von Anfang an mit Tagessätzen gearbeitet und nie reguläres Geld von der Kirche erhalten. Man hat sich von ihr zwar Haussammlungen genehmigen lassen, hat dabei aber betont, dass diese nicht für die laufenden Ausgaben bestimmt seien, sondern, so wörtlich, „nur den Zweck haben sollen, das Anlage-Kapital zu gewähren". Hephata ist also ein Exempel sozialen Unternehmertums im 19. Jahrhundert. Ob diese Stiftung damit einen Regel- oder einen Ausnahmefall darstellt, kann ich nicht beurteilen. Das ist Sache der Historiker.

Das Aufblühen des deutschen Wohlfahrtsstaates nach Einführung des Bundessozialhilfegesetzes im Jahre 1962 förderte dann aber die Abkehr vom ursprünglich unternehmerischen Paradigma sowie eine strukturelle Staatsnähe der Diakonie. Dass die ganze Sache auch mit Geld zu tun hatte, das wusste weiterhin ein jeder. Die Ressourcenverantwortung aber wurde nun staatsanalog wahrgenommen, also kameralistisch und nicht unternehmerisch. Zwischen Kameralistik aber, also der Kunst des Geldausgebens, und dem Unternehmertum, also der Kunst des Geldverdienens, besteht ein nicht ganz unerheblicher Unterschied. Der tritt zutage, sobald soziale Rechtsansprüche sich als *Kaufkraft* darstellen. Gemeinsam mit anderen hat sich die Diakonie über Jahrzehnte hinweg dafür eingesetzt, dass Menschen in Notlagen nicht bloß zu Objekten staatlicher Versorgung werden, sondern dass ihnen *Rechtsansprüche* auf Hilfeleistung gegen die Gesellschaft zuerkannt werden. Wenn diesen Menschen, wie in Deutschland, zudem *Wunsch- und Wahlrechte* bezüglich der hilfeleistenden Organisation zugestanden werden, dann entsteht eine wettbewerbliche Konstellation, die in ökonomischer Logik als hochregulierte Marktsituation einzuordnen ist.

Wir waren uns darüber allerdings in der gesamten freien Wohlfahrt jahrzehntelang nicht im Klaren. Wir brauchten uns darüber auch nicht klar zu werden, weil es uns, als Liga der freien Wohlfahrt, jahrzehntelang gelang, diese verkappte Marktsituation politisch zu überformen. In der Liga der freien Wohlfahrt, und zwischen Liga und Politik, wurde abgesprochen, wie sich die versprochene Angebotsvielfalt für den betroffenen Bürger darstellen solle. Und die früher erforderlichen Bedarfsbestätigungen bei der Errichtung stationärer Einrichtungen sorgten für eine anhaltende Angebotsknappheit, welche sicherstellte, dass auch das am schlechtesten geführte Haus am Platze noch zu einer auskömmlichen Belegung kam. Die Lage änderte sich erst, als dieser hochregulierte, parzellierte, ja: kartellisierte Markt geöffnet wurde auch für andere – sogar für gewerbliche Akteure. Seitdem erst sind wir besorgt in der freien Wohlfahrt, verurteilen den Markt als solchen und sehnen uns zurück nach den alten Mechanismen, die ja dafür gesorgt hatten, dass erst *wir* satt werden, bevor die Selbstbestimmung des Bürgers zum Zuge kommt.

Mit allgemeiner Marktschelte macht man aber eine ziemlich schlechte Figur. Mit der pauschalen Diskreditierung von Marktmechanismen diskreditieren wir nämlich zugleich jene unter uns, die unter Schmerzen gelernt haben, wie man unter Marktmechanismen Erfolg organisiert – eine Kunst, mit der die Diakonie vor fast 200 Jahren ihren Anfang genommen, die sie aber, wie geschildert, fast vollständig verlernt hatte.

So stehen wir heute vor der fatalen Situation, dass die fachlich und wirtschaftlich gut geführten und deshalb erfolgreichen Unternehmen der Diakonie bei ihrer Kundschaft zwar geschätzt und beliebt, von ihrer eigenen Kirche aber besonders argwöhnisch beäugt werden, während die rückständigen, museumsreifen Angebote zwar von der Kundschaft gemieden, oft aber von den kirchlichen Gremien mit ganz besonderer Sorgfalt gehegt, beschützt und vor allem: für besonders *diakonisch* gehalten werden.

Was also wäre die Aufgabe der Diakonie in Zeiten des globalen Umbruchs? Die erste Aufgabe wäre, das eigene Kerngeschäft zu beherrschen, was bedeutet: Weniger Wort – mehr Tat. Weniger Forderungskultur – mehr Umsetzungskraft. Weniger pauschale Marktkritik – mehr unter Beweis gestellte Marktfähigkeit. Weniger Milieu- und Mitarbeiterorientierung – mehr Kunden-, Patienten-, und Klientenorientierung. Diakonie kommt vom Machen. Nicht vom Reden. Und schon gar nicht vom Klagen oder vom Anklagen.

## II. Wie kann Diakonie an den Zusammenhang von Christentum und *bonum commune* erinnern – selbstbewusst, doch ohne exkludierenden Gestus?

Mitten in der Katastrophe des Nationalsozialismus, beginnend im Dezember 1938, traf sich eine Gruppe von Ökonomen, Juristen und Theologen beider Konfessionen mehr oder weniger regelmäßig und nahm sich Zeit und Muße zum Austausch über Grundlegendes. Ich meine den

Freiburger Kreis. Sein Verhandlungsgegenstand war genau das: der Zusammenhang von Christentum und *bonum commune.* Sein nachhaltigstes Arbeitsergebnis bestand in der Formulierung von Grundsätzen einer Wirtschaftsordnung jenseits des zu erwartenden totalen Zusammenbruchs des Naziregimes. Die Schlussberatung fand vor 75 Jahren statt.

Juristen und Theologen sind heute immer noch einigermaßen gut im Gespräch. Verloren gegangen sind uns aber die Ökonomen. Das ist ein Problem. Denn zu „der Stadt Bestem" kann man in einer globalisierten und zunehmend digitalisierten Welt nicht ein einziges sinnstiftendes Wort beisteuern ohne ökonomischen Verstand. Solange wir in Diakonie und Kirche standardmäßig davon ausgehen, Märkte seien Teil des Problems, dringen wir gedanklich nicht durch bis zu der Frage, wie globalisierte und digitalisierte Wirtschaftsprozesse denn geordnet sein müssten und geordnet werden könnten, damit sie zum Teil der Lösung werden. Und solange wir bis zu dieser Frage nicht durchgedrungen sind, werden wir damit leben müssen, dass all unsere Beiträge, so gut wir sie meinen und so laut wir sie zu platzieren versuchen, keinen Anschluss haben an die Realität, von der die Welt, bis in jede Stadt hinein, faktisch bewegt wird.

Ich halte deshalb das erschreckende Kommunikationsdefizit zu den ökonomischen Funktionseliten unserer Gesellschaft für das größte Problem, das wir haben, wenn es gilt, an den Zusammenhang von Christentum und *bonum commune* zu erinnern. Wollten wir daran etwas ändern, bräuchte es zuerst einmal eine grundsätzlich andere Haltung der evangelischen Gremienkirche zum unternehmerischen Geist der Diakonie im Allgemeinen und zu ihren diakonischen Unternehmen im Besonderen. Statt sie vornehmlich als jene unter den bösen Buben wahrzunehmen, auf die sie besonders starken Einfluss hat, die sie also exemplarisch gängeln und bedrängen kann, sollte sie gerade die erfolgreichsten unter ihnen als ihre besten Pferde im Stall begreifen, denen man möglichst freien Lauf lässt, auf dass ihr Beispiel Schule mache.

Weil aber die Kirche der Freiheit Vorbehalte hat gegenüber dem Stichwort „freier Lauf", muss das „Umparken im Kopf" noch eine ganze Etage tiefer seinen Anfang nehmen. Wir müssen nämlich theologisch und wirtschaftsethisch Anschluss suchen an genau der Stelle, an der die Begriffe der „*protestantischen* Freiheit" und der „*unternehmerischen* Freiheit" noch einen hinreichenden Vorrat an Gemeinsamkeiten aufgewiesen hatten, auf dass sich mit diesem Vorrat an Gemeinsamkeiten ein zielführender wirtschaftsethischer Diskurs überhaupt erst einmal wieder aufnehmen ließe.

## III. Wie kann sich die Diakonie für die Belebung von Gemeinwohltraditionen einsetzen, ohne sich dem Verdacht des Illiberalismus auszusetzen?

Illiberal ist der Satz: „Ich weiß, was für Euch gut ist." Und liberal ist eine Haltung, die sagt: „Es gibt nicht Gutes, außer man tut es." Und zwar selbst.

a) Unter den Möglichkeiten, die die Diakonie hat, sind deshalb zuerst wieder die diakonischen *Unternehmen* zu nennen. Sie liefern nun einmal die Relevanzbasis. Ich fürchte, Äußerungen der Kirche etwa zur Pflegesituation in Deutschland wären ohne die Präsenz der Diakonie in diesem Sektor alsbald so bedeutsam wie eine diesbezügliche Stellungnahme des Bundesvorsitzenden der Zeugen Jehovas. Zum zweiten aber, und das ist mindestens so bedeutsam, bieten diakonische Unternehmen Exempel, an denen sich zeigen lässt, dass gemeinwohlorientiertes Wirtschaften unter den Bedingungen der Gegenwart vielleicht schwer sein mag, aber tatsächlich möglich ist.

b) Zu den Möglichkeiten, die die Diakonie hat, zählt zweitens das diakonische Geschehen abseits der Märkte im zivilgesellschaftlichen Raum. Selten war dies so sehr gefordert und hat sein Potential so sichtbar entfaltet wie im Zuge der Flüchtlingskrise und ihrer Bewältigung. Auch hier gilt, dass das konkrete Machen sehr viel mehr Gewicht hat als das appellative Reden. Weil aber zivilgesellschaftliches Engagement immer auch gesellschaftspolitische Implikationen hat, kann und muss hier auch erklärt werden. Wir müssen erklären, warum wir uns engagieren – als Christenleute, als Kirchengemeinde, als Landeskirche, als Diakonisches Werk und schlussendlich auch als diakonisches Unternehmen. Im Zuge solchen Engagements sollten wir geduldig erklären, woher es kommt, dass wir inmitten der Ängste und Sorgen – die wir ja auch kennen! – von Zuversicht getragen werden. Warum wir Christen ausgerechnet in der Begegnung mit dem Anderen und dem Fremden unsere Identität gewinnen, statt dass wir sie gefährdet sehen. Mag sein, dass solche Erläuterungen in der heutigen Mediengesellschaft schlecht durchdringen. Das muss uns aber nicht kümmern, denn der Geist Gottes weht von allein, und zwar da, wo er will und mag, und zur Not auch im Internet. Ich weiß hier also nichts Besseres zu empfehlen, als dass sich unsere

Kirchengemeinden mit ihrer kleinen zivilgesellschaftlichen Kraft begnügen, mit ihr das tun, was sie für nötig halten und sich dabei so offen stellen, dass andere sich *eingeladen* fühlen.

c) Zu unseren Möglichkeiten gehört drittens eine effektive Politikberatung. Die Betonung liegt auf effektiv. Am effektivsten ist es, das kennt man aus dem Bankensektor, wenn die eigenen Leute die anstehenden Gesetzesentwürfe gleich selbst verfassen. Und das meine ich ganz ernst. Diakonie sollte nicht dadurch glänzen wollen, dass sie noch lauter als andere noch mehr Geld für alle denkbaren sozialen Zwecke einfordert. Sie sollte bestechend wirken dadurch, dass sie den Regierenden und ihren Behörden die intelligenteren Lösungen vorlegt.

d) Zu den schwächeren Möglichkeiten, die wir haben, rechne ich viertens das, was man gemeinhin als die „anwaltschaftliche Diakonie“ bezeichnet. Ich mag diese Formel nicht besonders. Allein deshalb schon nicht, weil es schwer sein dürfte, einen Anwalt zu finden, der nicht auf die Erteilung eines Mandats umgehend mit einer gesalzenen Rechnung antworten würde. Statt eines Anwaltes also, der sich selbst mandatiert, das dann als reine Selbstlosigkeit ausgibt, um alsbald nach Selbstkostendeckung zu rufen, gefällt mir das gute alte Wort vom „Wächteramt der Kirche“ sehr viel mehr.

Das *bonum commune* ist immer wieder auch darauf angewiesen, dass jemand die Stimme erhebt zugunsten der Anderen und der Schwächeren. Wenn das aber just jene tun, die sich selbst finanzieren aus den Rechtsansprüchen jener Schwächeren, dann mindert das die Durchschlagskraft des Arguments. Das mahnende Wort gegenüber den Eliten der Macht gebührt deshalb vor allem dem Episkopos und nicht zuerst dem Diakonos. Insofern bin ich sehr für eine stabile Zuordnung von Diakonie und Kirche, allerdings mit gebührender Distanz zwischen beiden und mit einer klaren Rollenteilung.

## IV. Welche Gesprächs- und Bündnispartner hat die Diakonie dabei in der Gegenwart?

a) Zuallererst einmal – und dies wirklich zuallererst! – hat sie da ihre eigenen leitenden Ökonomen in Organstellung, also diejenigen, durch die sie ihre diakonischen Unternehmen gerichtlich und außergerichtlich vertreten lässt. Und ich meine jetzt wirklich die Ökonomen, nicht die Theologen. Es ist schön für mich, dass im Kommunikationsraum der Kirche das Wort der Theologen schwerer wiegt als das der Ökonomen. Aber was für eine gewaltige Expertise hat die Kirche da unter den Volks- und Betriebswirten der unternehmerischen Diakonie – und lässt sich von diesen nicht einmal beraten? Seit den Zeiten der Alten Kirche ist die Kirche gut damit gefahren, sich von Juristen beraten und durch Juristen auch in erheblichem Maße steuern zu lassen. Wäre es im 21. Jahrhundert nicht angemessen, auch einmal die Kaufleute um Rat zu fragen? Und zwar die, die man selbst hat?

b) Weitere Gesprächs- und eines Tages vielleicht auch Bündnispartner können wir finden, je mehr wir in der Lage sind, uns aus unserem inzwischen ziemlich verengten Milieu heraus zu arbeiten. Die sogenannten Funktionseliten, vor allem die ökonomischen, habe ich ja bereits erwähnt. Ich möchte aber auch noch auf eine weitere Gruppe hinweisen, die sich in unserer Gesellschaft gerade herausbildet und die uns, wenn wir nicht aufpassen, sowieso einmal die Butter vom Brot nehmen wird. Und das sind jene meist recht jungen Akteure, die sich bewegen in der Schnittmenge zwischen sozialem Unternehmertum und Digitalwirtschaft. Deren Zahl nimmt zu. Und während wir uns mit ersten, zweiten, dritten Wegen im Arbeitsrecht herumschlagen, mit ACK-Klauseln und mit Modellen einer Unternehmensmitbestimmung, die der sterbenden Montanindustrie entliehen sind, ist hier eine Generation aktiv, für die sich Kundenorientierung, Gemeinwohlorientierung und Renditeerwartung längst nicht mehr gegenseitig ausschließen. Es lohnt sich, diesen Personen auf der Spur zu bleiben. Da ist eine Menge Zukunft unterwegs. Und eine meiner wirklich großen Sorgen ist es, dass es unserer Verbandsdiakonie und der ordnungsgebenden Kirche, mit ihrem ganzen Bemühen um Regulierung, Einhegung und Gängelung diakonischer Unternehmen, an der notwendigen Kreativität und Offenheit, aber auch am nötigen Selbstvertrauen fehlt, um diese Akteure für sich zu interessieren.

c) Ein letztes. Die standardmäßig ausgerufene Bündnispartnerschaft der Evangelischen Kirche mit der Gewerkschaft – genauer: mit der Gewerkschaft ver.di – ist problematisch. Diese Gewerkschaft kann offensichtlich nicht das, was sie nach Art. 9 Grundgesetz eigentlich soll, nämlich ihren Beitrag leisten zur „Wahrung und Förderung der Arbeits- und Wirtschaftsbedingungen" in den Branchen, für die sie sich zuständig fühlt. Das einzige, was ver.di wirklich im Griff hat, sind die Rathäuser dieser Republik. Dort aber regiert die Kunst des Geldausgebens, nicht die des Geldverdienens. Ver.di kann bloß Kameralistik, das dann aber recht routiniert. Deshalb stellt sie sich diese Republik auch vor als eine einzige große Anstalt des öffentlichen Rechts mit ein paar eingestreuten Handwerksbetrieben und Kiosken. Diese Gewerkschaft ist leider noch nicht reif für die Herausforderungen einer digitalen Wirtschaft und Gesellschaft. Die Beobachtung, dass unsere Kirche auch noch nicht reif ist für die Verhältnisse, auf die wir zugehen, ist aus meiner Sicht noch kein hinreichender Grund für die Ausrufung einer strategischen Bündnispartnerschaft zweier Institutionen, die viel zu lang zurückschauen, statt dass sie die Hand an den Pflug legen. Insofern kann ich in den Umbrüchen der Gegenwart gerade in dieser Gewerkschaft vielleicht einen Partner von Fall zu Fall erkennen, nicht aber das, was man einen gesellschaftspolitischen Bündnispartner von strategischer Bedeutung nennt. Ein solcher bräuchte einfach mehr Verstand. Und mehr Verständnis für das, was in Gegenwart und Zukunft erforderlich ist.

# Gemeinwohlbedarf

## Aufgaben der Diakonie in der Außensicht

*Hatice Akyün*

## I. Gemeinwohl in biographischer Reflexion

Mein persönlicher Zugang als Deutschtürkin zum Thema Gemeinwohl berührt zunächst den nicht erst heute besonders aktuellen Themenkomplex von Migration und Integration. Interkulturelles Zusammenleben ist ein Kern unseres Gemeinwohls.

Ich bin in Anatolien geboren, kam mit drei Jahren nach Deutschland und wuchs in einer Zechensiedlung in Duisburg auf. Mein Vater war Bergmann, wie unsere Nachbarn, und so zählte nicht die Herkunft meines Vaters, sondern die Arbeit, die unsere Väter verband. Meine Geschwister und ich wuchsen völlig selbstverständlich unter den Kindern der anderen Bergleute auf. Als Arbeiterkinder, als Bergmannskinder. Früher wohnten in unserer Straße Zechenarbeiter wie mein Vater, es waren Türken, Polen, Italiener, aber vor allem deutsche Kumpel, mit deren Kindern wir auf der Straße spielten, die bei uns ein und aus gingen und durch die ich überhaupt Deutsch gelernt habe. Es war unsere heile Welt mitten in Deutschland. Man war neugierig aufeinander, und wenn man sich als guter Freund bewährt hatte, war es egal, woher die Eltern kamen. Das Gesetz unserer kleinen Straße beruhte auf Gleichberechtigung. Trotzdem hätte es damals in den 70er Jahren eine Tagung wie diejenige, auf der dieser Vortrag gehalten wird, nicht gegeben. Kein Mensch interessierte sich dafür, ob die vielen Türken sich in Deutschland heimisch fühlen. Wir waren ja auch nur Gäste, also nicht für immer hier. Und diesen Status haben nicht nur die Deutschen den Türken verliehen, sondern wir uns ja auch im Grunde selbst. Ich glaube, dass es wichtig ist, auf den Ursprung des Miteinanderlebens einzugehen, um den Wert des Gemeinwohls zu erkennen. Was ich damit sagen möchte ist, dass unser Gemeinwohl in unserer Zechensiedlung intakt war, weil unser sozialer Hintergrund uns verband.

Die Sprache war für mich der Zugang in mein deutsches Leben, der Bücherbus der Stadtbücherei Duisburg das Vehikel dazu. Meine Lehrerin sah hinter meinen dunklen Augen und Haaren auch einen Verstand und förderte mich, so dass ich nach meiner Lehre als Justizangestellte noch den Weg zum Abitur und zur Universität und von da über Umwege zu meiner Profession und Leidenschaft fand – dem Schreiben. Es war für mich damals völlig klar, dass Deutschland meine Heimat ist, hier mein Lebensmittelpunkt sein wird und ich dazu gehöre. Komplett immun wurde ich aber nie, wenn es hieß, warum sprechen Sie so gut Deutsch? Weil ich hier aufgewachsen bin! Woher kommen Sie? Aus Duisburg! Und wie ist das bei euch Türken? Wie bei uns Deutschen.

Deutsche sind manchmal ungewollt komisch, mit einem verklemmten, fast anrührenden Sinn für Realsatire. Zu meiner Einbürgerung hat mir die Stadt Duisburg ein Geschenk gemacht. Eine Stadtrundfahrt durch Duisburg, mir, dem Mädel aus dem Ruhrpott, die in Duisburg-Marxloh aufgewachsen ist und ihr ganzes Leben in dieser rußgeschwärzten Stahlstadt verbracht hat, mir wurde eine Stadtrundfahrt für den einzigen Flecken der Welt geschenkt, wo ich jede Straßenlaterne mit Vornamen kannte. Trotzdem, wenn ich heute darüber nachdenke: es waren Deutsche, die für uns Gastarbeiterkinder die Brücken in die Gesellschaft gebaut haben. Noch nicht die Institutionen, nicht die Politik, nicht die Eliten. Die Menschen, die einen annahmen, mitnahmen und einem auf die Füße halfen.

Mein Blick auf aktuelle Gefahren kommt nicht von außen, sondern aus meiner gelebten Realität. Und die multikulturelle Realität unseres Landes spiegelt sich wohl am sichtbarsten in der deutschen Nationalmannschaft wieder. Viel bemerkenswerter finde ich allerdings nicht die Zahl der Nationalspieler mit Migrationshintergrund in der Nationalelf, sondern die Zahl der Nationalspieler aus Gelsenkirchen! Spieler wie Mesut Özil fühlen sich nicht als Türken, sondern als Schalker. Auch ich habe mich nie als Türkin gefühlt, sondern als Duisburgerin. Dieses Gefühl der Zugehörigkeit habe ich mir nicht erarbeitet, es wurde mir ganz selbstverständlich gegeben. Auf den Straßen von Marxloh habe ich die deutsche Sprache gelernt. Ich kann mich nicht daran erinnern wie, nur daran, dass mein Vater immer sagte: „Geh raus, spiel mit den deutschen Kindern.“ Er sagte es auf Türkisch, zu Hause sprachen wir nichts anderes. Mein erstes deutsches Wort, an das ich mich erinnere, ist „Rotzlöffel“. Als ich einmal im Garten unserer Nachbarin Stachelbeeren klaute, sah sie mich und rief aus dem Fenster: „Du Rotzlöffel!“ Ich wusste nicht, was das bedeutete.

Als Tochter von Gastarbeitern, die nie einen Kindergarten besucht hat, war ich auf die Hilfe unserer deutschen Nachbarn angewiesen. Vielleicht hat es mit meiner Integration gut geklappt, weil Nordrhein-Westfalen nie ein gewachsener Gebietskörper war. Nordrhein-Westfalen hatte seit der Gründung die Aufgabe, lebenslustige Rheinländer mit dem rauen Charme der Westfalen und dem Vielvölkerstaat des Ruhrgebietes zu integrieren. Unter diesen großartigen Umständen war es ein Leichtes, auch uns Anatolen in ihrer Mitte aufzunehmen. Es gab zwar durchaus auch Distanz und Ablehnung gegenüber den Fremden, aber man war Arbeiter in derselben Grube, im selben Stahlwerk und Mitglied im gleichen Gewerkschaftsverband. Die Lebenswirklichkeit verband mehr, als dass sie einander trennte. Und so glaube ich, dass die Michalskis und Schimanskis aus Polen intuitiv wussten, wie sich die Özgürs und Akyüns vom Bosporus fühlten.

Gemeinwohl braucht ein Klima der Gemeinsamkeit. Die Kirchen und Moscheen, die Kindergärten und Schulen brachten die Menschen zusammen und machten aus uns und denen ein *wir*. Wir waren die Akyüns, die mit den vielen Kindern, dem Grill, der zu jeder Jahreszeit im Garten qualmte und der kopftuchtragenden Mutter, die es zum Ärger der deutschen Nachbarn nicht sein lassen konnte, auch am Sonntag Wäsche aufzuhängen. Was hätte die gute Frau denn auch tun sollen mit sechs Kindern? Mein unbezahlbares Glück war es, in dieser Zechensiedlung aufzuwachsen. Mit unseren Nachbarn Gerti und Jupp und ihren Kinder Sven und Sabine. Als wir einmal gemeinsam in unseren Garten saßen – meine Vater hatte wieder den Grill angeworfen – legte Jupp die Hand auf die Schulter meines Vaters und sagte: „Jetzt bist du einer von uns." Es war die schönste Willkommenserklärung, die man sich als türkische Familie vorstellen konnte.

Ich gebe es zu, ich vermisse meine unbeschwerte Kindheit. Dieses Gefühl von Zusammenhalt und Solidarität. Heute fühle ich mich in meiner Heimat Deutschland fremder als je zuvor. Ich finde, dass gerade Werte wie Gemeinschaft, Vertrauen, Solidarität und Respekt, die den Kern der Diakonie ausmachen, das Zusammenleben stärken. Menschen werden in Einrichtungen der Diakonie nicht nach ihrer Herkunft beurteilt, sondern das Menschenbild und das damit verbundene „sich geborgen fühlen" bildet das Fundament für gegenseitigen Respekt.

Im Grunde meines Herzens bin ich so tief in der bundesrepublikanischen Normalität angekommen, dass ich regelmäßig erschrecke, mit wie vielem ich mich abgefunden habe, anstatt, wie Brecht es sagte, kräftig aufzubegehren. Was mich vielleicht von einigen unterscheidet ist, dass ich hautnah erlebe, wie sehr man sich dagegen wehren muss, nicht in eine Schublade gesteckt zu werden. In meinem Beruf ist es Alltag, dass ich mich damit auseinandersetzen muss, die Attribute und pauschalen Vorurteile von „denen" gegen „die" zu entkräften. Ich muss aufpassen, dem süßen Gift zu widerstehen, weder der Mehrheitsgesellschaft als Beispiel dafür zu dienen, warum ich etwas geschafft haben soll, was andere mit meiner Vergangenheit nicht geschafft haben, oder mir als Muster der überangepassten Deutschtürkin den Argwohn jener zuziehe, die sich anmaßen bestimmen zu können, wie man seine Identität leben darf.

## II. Gemeinwohlbedarf in der Gegenwart

Die Schere zwischen den Einkommensschichten öffnet sich heute immer weiter und in Deutschland wächst die Kluft zwischen Reich und Arm. Die Zahl der Armen wächst, Familien mit zwei Einkommen stehen vor dem Abstieg und die, die genug haben, verteidigen ihre Habe mit den Ellenbogen. Dazu kommt eine schier unlösbare Situation – die Altersarmut einer ganzen Generation, die dieses Land aufgebaut hat. Die Zukunft sieht düster aus, weil jede wirtschaftliche Krise die soziale Spaltung noch mehr verschärft. Und jede dieser Krisen gefährdet unser Gemeinwohl. Die große Aufgabe ist es, dass es wieder für jeden möglich wird, sich den sozialen Aufstieg zu erarbeiten, damit das Auseinanderdriften der Schichten verhindert wird. Nur wer Chancengerechtigkeit für sich selbst erfährt, kann zu einem sozialen Zusammenhalt unserer Gesellschaft beitragen.

Wissenschaftler weisen immer wieder darauf hin, dass das Gefühl von wirtschaftlicher Benachteiligung ein Auslöser für rassistische Ressentiments ist. Oder um es ein wenig einfacher zu formulieren: Die Flüchtlinge kriegen alles und ich nichts. Mit dieser Überzeugung gingen zehntausende Menschen bei den sogenannten Pegida-Märschen auf die Straße. Diese Menschen lösen große Angst, aber auch Resignation in mir aus. Angst, weil ich nicht einschätzen kann, wie stark diese Bewegung wird und Resignation, weil es oft nicht mehr möglich ist, diese Menschen zu erreichen. Wir haben so viel Bedarf, jenseits von Herkunft, Menschen in unsere Gesellschaft zu integrieren, Jugendlichen zur Sprachfähigkeit zu verhelfen, Minderheiten ernst zu nehmen und sie einzubinden.

Und bei der Rolle der Geschlechter haben wir nicht nur den Bedarf, dem Rückfall traditioneller Muster gegenüber jungen Frauen Einhalt zu gebieten, sondern gerade jungen Männern auch ein Leitbild vorzuleben, dass es ihnen erlaubt in einer vaterlosen Gesellschaft ihren Weg zu finden, Männer und Partner werden zu können. Wir haben genug Alte, die am Rande stehen und sich verschämt abwenden, ihrer Lebensleistung in der Gesellschaft Geltung zu verschaffen und ihnen einen menschenwürdigen Lebensabend zu ermöglichen. Auch das ist eine große Aufgabe der Diakonie.

Gemeinwohl ist, wenn überhaupt, kein statischer sondern ein evolutionärer Begriff. Nichts ist irgendwann abschließend geregelt. Der Konsens in einer Gesellschaft wird nahezu täglich neu verhandelt. Und wer meint, irgendwann wäre ein Prozess unumkehrbar abgeschlossen, der irrt gewaltig. Obwohl ich bemüht bin, die Chancen nach vorne zu stellen, sage ich, der Weg ist noch weit. Und zur Erkenntnis gehört, einzusehen, dass nicht ethnische Fragen im Vordergrund stehen, sondern die eigentliche: die soziale Frage.

Wahlen werden in der Mitte gewonnen, hört man immer wieder. Mitte, was für ein komisches Wort. Niemand kann den Begriff so recht erklären. Zur Mittelschicht zählt man in Deutschland bei einem jährlichen Durchschnittsnettoeinkommen von 11.200 bis 24.000 Euro. Wer also noch nicht ganz unten ist und vom Existenzminimum lebt, aber es auch nicht bis ganz nach oben geschafft hat, wo man seinen Freunden Urlaube spendiert, ist die Mitte. Statistisch gesehen ist es der Teil der Bevölkerung, der von 60 Prozent auf 54 Prozent geschrumpft ist. Eigentlich wäre es gerade die perfekte Zeit, eine Revolution aus der Mitte heraus anzuzetteln, um gegen soziale Ungerechtigkeit zu kämpfen. So viel Druck kommt bei uns aber nicht zustande. Stattdessen haben wir Wutbürger, die gegen die Ärmsten der Ärmsten auf die Straße gehen, Eltern, die ihren letzten Euro zusammenkratzen, damit der Nachwuchs an das rettende Ufer des Privatgymnasiums kann, und wenn einem der Wohlstand schon aus den Ohren tropft, ersetzt man in seinen Immobilien auch die letzte Standardfliese gegen Naturstein, um die Miete in die Höhe treiben zu können.

Früher bedeutete Mitte etwas, in das man aufstieg, das aufgeschlossen und zukunftsorientiert war. Heute ist Mitte der kollektive Kampf gegen den Abstieg. Das Jobwunder Deutschland ist die Rosskur der knallharten Wettbewerbsfähigkeit auf dem Rücken der Beschäftigten. Das führt zwangsläufig zu einer Verrohung unseres gesellschaftlichen Klimas. Ist es nicht auffällig, dass es nur noch um Anti-Themen geht? Gegen die Flüchtlinge, gegen die Muslime, gegen den Euro. In den Debatten geht es zu wie beim Austeilen von Schwimmwesten. Keiner traut sich aber zu fragen, warum denn das Schiff überhaupt leck geschlagen ist. Man ist so konditioniert auf die Angst, etwas verlieren zu können, dass man übersieht, wie andere ungeniert abgreifen.

Zugegeben, der Pessimismus berührt meinen Gefühlshaushalt, es fällt nicht immer leicht, mich nicht anstecken zu lassen. Lebensqualität hat natürlich etwas mit dem Einkommen zu tun und den Bedingungen, unter denen man es erzielt. Gemeinwohl bedeutete früher auch, seinen Beitrag für die Gemeinschaft zu leisten. Dafür, dass die unten nicht untergehen und mitgenommen werden und die oben keinen Freifahrschein zur Selbstbedienung bekommen und ihren Beitrag lediglich als Charity-Gala inszenieren. Oder, um es ein wenig nach Sozialforschung klingen zu lassen: Verantwortung für die Gemeinschaft und Engagement für das Gemeinwohl. Dann darf es auch ein bisschen weniger sein, wenn ich dafür weiß, dass es in meinem Land gerecht zugeht. Mein türkischer Vater würde nun sagen: „Biri yer, biri bakar, kiyamet ondan kopar" – wenn einer isst, und der andere schaut zu, geht die Welt zugrunde.

Wie wäre es stattdessen, unser Land so attraktiv und chancenreich zu gestalten, dass für jeden etwas dabei ist? Und die einzig zulässige Frage sollte sein: Hilfst Du uns, die Zukunft gerecht zu gestalten? Um sich dies einzugestehen, bedarf es einer großen Portion Mut und viel Gefühl. Denn es stößt sich an unseren statischen Begriffen, wie Migrationshintergrund, Integration, hybride Existenzen oder Leitkultur. Es ist vielleicht etwas Deutsches, Sachverhalte präzise und technisch abzubilden. Das übersieht aber, dass es um Menschen geht. In der technokratischen Debatte finden sich die Gefühle der Mehrheitsgesellschaft darin genauso wenig wieder, wie die persönliche Erfahrung des Nichtverstandenwerdens, bis hin zur Ablehnung und Ausgrenzung.

## III. Gemeinwohl innerhalb und außerhalb der Diakonie

Die politischen Ereignisse der vergangenen Monate haben viele Fragen dahingehend aufgeworfen, wie der gesellschaftliche Zusammenhalt gelingen kann. Durch den

Einzug einer rechten Partei in den Bundestag mussten wir im September 2017 schmerzhaft erkennen, dass es Bürger in unserem aufgeklärten und demokratischen Land gibt, denen es zuwider ist, Menschen unabhängig von ihrer Herkunft, Religion, körperlichen Verfassung, ihrem Geschlecht und ihrer sexuellen Orientierung als gleichberechtigte Mitmenschen anzuerkennen.

Mit sozialer und gesellschaftlicher Teilhabe meine ich, Chancen zu haben und sie auch wahrnehmen zu können. Man versteht darunter, Sozial- und Kulturtechniken zu beherrschen, die es einem ermöglichen, ein gleichberechtigtes, selbstbestimmtes und erfülltes Leben in der Gesellschaft zu führen, und es bedeutet, gleiche Rechte und Pflichten zu haben und sie nicht nur erfüllen zu müssen, sondern auch reklamieren zu können. Spätestens dann wird jedem klar, dass der Gemeinwohlbegriff sich nicht nur auf eine auserwählte Gruppe von Menschen beschränkt, sondern viel, viel weiter greift. Gehen Sie in Gedanken durch Ihre Familie, durch Ihren Freundeskreis, durch die Kieze Ihrer Stadt. Nehmen Sie die sozialen Unterschiede wahr, das Interesse, die Gleichgültigkeit und die Anteilnahme. Beobachten Sie Kinder und schauen Sie auf die alten, einsamen Menschen, die die Straßen entlanglaufen. Nehmen Sie die Kollegen am Arbeitsplatz und wen sie im Schwimmbad, im Zoo, beim Einkaufen und in der Kneipe sehen. Wäre es nicht eine schreckliche Vorstellung, wenn alles und jeder gleich und durchnormiert wäre? Anders zu sein ist erst dann keine Bedrohung, wenn man sie als Bereicherung, als Anregung, als Gewinn empfindet.

Gemeinwohl und der damit verbundene Zusammenhalt ist eine Grundvoraussetzung für das Funktionieren unserer Demokratie. Denn es geht um Vertrauen in die Verfassung, in die staatlichen Institutionen und in die soziale Infrastruktur. Es geht um soziale Sicherheit und um gesellschaftliche Teilhabe. Es geht um Gemeinsinn und um Engagement für das Gemeinwohl. Und es geht um einen Umgang mit Konflikten nach den demokratischen Spielregeln. Dieses Land hat aber im Gegensatz zu anderen Ländern das Potenzial, den Grips, die Erfahrung und das Herz, sich von solchem Gedankengut zu emanzipieren. Die Diakonie hat einen sehr wichtigen und großen Anteil daran, dass Gleichberechtigung und Respekt in unserer Gesellschaft die Leitlinie bleibt.

Vielleicht haben diese Auswüchse etwas damit zu tun, dass es Deutschland als Staat so lange gar nicht gibt. Das Staatsgebiet war ein Flickenteppich unzähliger Königshäuser und Fürstentümer. Die Staatsbürgerschaft gab es erst spät nach der Reichsgründung und diese gründete auf einem gewonnenen Krieg, wir gegen die. Nicht die beste Voraussetzung für ein offenes Land, das trotzdem auf Grund seiner Lage in der Mitte Europas nahezu jedes Volk, das sich auf der Wanderschaft befand, sich in Teilen hier niederlassen ließ. Berlin war ein Dorf, gewachsen durch Zuwanderung unter dem Preußenkönig. Die religiös verfolgten Hugenotten fanden hier eine Heimat, die aus Österreich vertriebenen Protestanten, die Juden aus Polen. Es ist ethnisch eine unlösbare Herausforderung zu definieren, was eigentlich Deutsch ist. Nahezu jeder sogenannte Urdeutsche ist eine Mischung fast aller in Europa vorkommenden Völkerstämme. Dass man in einer dunklen Zeit versucht hat, mit kruden Verbiegungen irgendeine überlegene Rasse zu definieren, die als Rechtfertigung für die schlimmsten Verbrechen der Menschheitsgeschichte herhalten musste, ist umso erschütternder. Aber die aktuelle politische Lage in unserem Land macht deutlich, dass wir die Errungenschaften des letzten Jahrhunderts nicht als selbstverständlich nehmen dürfen. Vor allem stellt sich die Frage, wie wir uns als Gesellschaft auf diese neuen Herausforderungen einstellen.

Vielleicht ist es etwas anstrengend, vermutlich etwas zäh, wahrscheinlich auch nicht konfliktfrei, aber in jedem Falle ist es bunt, dieses Deutschland. Ja, dieses Land hat Schattenseiten, Versäumnisse, unbequeme Wahrheiten, vor denen man wegläuft. Eine schleichende Entsolidarisierung, eine Erosion der politischen Institutionen, ein zu großer Einfluss bestimmter Lobbygruppen, chronisch knappe Kassen und zu viel Bürokratie. Aber trotz dieser Ambivalenz, der Kern unseres Gemeinwesens ist intakt. Das Land hat eine gute Verfassung und es bleibt in guter Verfassung, wenn wir uns alle einbringen. Wir haben volle Mitwirkungsrechte. Es stimmt, nicht viele machen davon Gebrauch. Es ist anstrengend, nervig, oft aussichtslos und von vielen Enttäuschungen begleitet und dazu noch unendlich zäh. Aber es lohnt sich. Ich liefere noch einen Grund. Wunderbare Menschen haben gezeigt, dass man ein Land zum Besseren verändern kann. Viele von ihnen nutzen diese Freiheit, sich zu engagieren. Nicht erst bei Bedarf, sondern gleich und für andere. Das ist die Herzschlagader der Diakonie.

Aber wir müssen trotzdem aufpassen, unseren Zusammenhalt nicht leichtfertig zu riskieren. Wir leben in einer unübersichtlichen Welt in unruhigen Zeiten. Das Gefühl von Unsicherheit, sozialer Ungerechtigkeit, ein Misstrauen gegenüber Politik und Demokratie gefährden den gesellschaftlichen Zusammenhalt. Deshalb kann es nicht schaden, wenn viele unterschiedliche Blickwinkel auf eine immer kompliziertere Welt mit dazu beitragen, sie zu verstehen, die Chancen zu erkennen und die Gefahren zu bannen.

Unsere Herausforderungen sind heute Klimawandel, Globalisierung, Flüchtlingskrise, Despoten, Fremdenhass und eine Radikalisierung einer auseinanderdriftenden Gesellschaft, deren Kompass abhandengekommen ist. Sicher scheint nur, dass nichts mehr sicher ist und trotzdem meine ich, keine Generation hatte so viele Möglichkeiten wie unsere. Und wenn wir wollen, dass Herausforderungen einer guten Lösung zugeführt werden sollen, müssen wir selbst mit anpacken.

Heute brauchen wir die Einheit der Vielfalt in der Gesellschaft, um uns gegen die Rückkehr in die Schichtzugehörigkeit zu wehren. Manche von uns können die Verbindung als Bürger einer anderen Kultur aufrechterhalten, manche mussten diese Verbindung trennen, kappen, abschneiden, um Deutsche werden zu können. Trotz aller Weltoffenheit, der Globalisierung und einem großen Geflecht internationaler Verbindungen, tun sich einige in unserem Land immer noch schwer damit, den Wert einer Staatsbürgerschaft als Errungenschaft einer Zivilgesellschaft in einem gemeinsam getragenen und gestalteten Gemeinwesen zu sehen. Vielmehr betrachten sie die Zugehörigkeit zu einem Land als einen von hohen Hürden und Hindernissen gepflasterten Kreuzweg, um nach vielen Opfern den Zugang zu erhalten, in den Club der Exklusiven, der 82 Millionen Deutschen in einer Welt der über 7 Milliarden Nichtdeutschen. Es gibt auch die, die genau diese Brücken bewachen, argwöhnisch kontrollieren, angstbesetzt darauf lauern, dass ihre Vorurteile bedient, ihr Befremden bestätigt und die Unsicherheit gegenüber dem Fremden sich auf Knopfdruck zur Paranoia auswachsen kann. Menschen ohne Neugier, die ihre Unsicherheiten nur schwer überwinden können, deren Ängste und Distanzen kaum überbrückbar scheinen. Toleranz ist, glaube ich, das Stichwort, was ein Politiker an dieser Stelle predigen würde. Ich finde aber, Neugier ist mindestens genauso wichtig.

Die politischen Umbrüche in der Welt erfordern eine noch intensivere Auseinandersetzung mit Menschen in Notlagen. Dabei gelten keine unverrückbaren Richtlinien. Es steht immer der Mensch im Mittelpunkt. Diakonie bedeutet, sich Sorgen machen, zuhören, auf Augenhöhe begegnen. Diakonie leitet sich ab von dem altgriechischen Wort Dienst. Viele Menschen wissen das nicht. Tagtäglich kümmert sich die Diakonie mit ihren Einrichtungen um Menschen. Sie dient den Menschen, damit das Gemeinwohl für uns alle selbstverständlich bleibt. Gemeinwohl heißt mitmachen, dazugehören, andere mitnehmen, ohne zu bevormunden und ankommen zu können, ohne seine Vergangenheit wegwerfen zu müssen. Aber das geht nur, wenn man wechselseitig Vertrauen fasst. Es ist die ehrliche Chance, in einer Gesellschaft aufgehen zu dürfen, die einen zwar fordern darf, aber jeden auch so annimmt, wie er ist, damit man seinen ganz persönlichen Platz finden kann.

Langsam, vielleicht zu langsam, färben wir aufeinander ab. Und mir wird nicht bange davor, ganz im Gegenteil. Ich freue mich auf ein buntgemischtes Ganzes und werde alles dafür tun, was ich kann, um unser Land weltoffen, tolerant, frei und sozial gerecht zu gestalten. Sich über Zuschreibungen Distanzen zu erhalten, das tun wir alle.

Einerseits ist das Selbstschutz, andererseits brauchen wir auch eine Zone, die uns nicht täglich vor Augen führt, welch große Daueraufgabe wir zu wuchten haben. Umso mehr bewundere ich die Leute, die es schaffen, Gräben zu überwinden und sich den Vorurteilen beider Seiten zu stellen. Deshalb möchte allen hier danken, die jeden Tag dazu beitragen, dass wir friedlich, respektvoll und auf Augenhöhe miteinander leben können. Es ist unsere gemeinsame Aufgabe, immer wieder und unermüdlich geschürten Ängsten, Vorurteilen und Ausgrenzungen in unserer Gesellschaft entgegen zu treten. Nur so gelingt es uns, zusammenzuwachsen und eins zu werden.

## IV. Schluss

Meine Integration hat funktioniert. Ich habe sie den Müttern meiner Schulfreundinnen zu verdanken, die mir bei den Hausaufgaben geholfen haben. Ich habe sie meiner Lehrerin zu verdanken, die mich in der Schule gefördert hat. Ich habe es also in gewisser Weise dem Zufall zu verdanken, dass ich engagierten Menschen begegnet bin. Wer aber sollte es verantworten, dass die Zukunft von Migrantenkindern einem Glücksspiel gleicht? Die Zahl der Kinder mit Einwanderungsbiografie wird in den nächsten Jahren größer werden. Ich bin überzeugt davon, dass eine gesellschaftliche Veränderung nur dann erfolgt, wenn Kinder, egal, welchen sozialen und ethnischen Hintergrund sie haben, bereits im Vorschulalter an die Hand genommen werden. Und auch hier sehe ich die Einrichtungen der Diakonie in einer großen Verantwortung.

Seit Jahren reise ich für Lesungen und Vorträge durch Deutschland. Immer versuche ich, etwas Positives von den

Menschen und Orten mitzunehmen. Einmal erzählte mir ein Großvater nach einer Lesung eine berührende Geschichte seines Enkelsohns, der frisch eingeschult war. Der Großvater fragte ihn, ob in seiner Klasse auch Kinder seien, deren Eltern aus anderen Ländern kämen. Der Junge antwortete: „Mir ist nichts aufgefallen, Opa.“ Einige Tage später holte der Großvater seinen Enkelsohn das erste Mal von der Schule ab und sah, dass der Sitznachbar seines Enkelsohnes ein Junge mit dunkler Hautfarbe war. Ich wünsche mir ein Deutschland mit dem unverstellten Blick dieses Jungen.

Vom früheren Bundesverfassungsrichter Ernst Mahrenholz kenne ich eine ähnliche Geschichte aus seiner Zeit als Kultusminister. Er erzählte von einem internationalen Kindergarten, den er einmal besucht hatte. Irgendwie gab es Streit unter den Kindern und die Kindergärtnerin wollte wissen, wer den Streit angefangen hat. Eines der Kinder sagte, der mit dem roten Pullover. Keiner der Erwachsenen, auch der Kultusminister nicht, sah ein Kind mit einem roten Pullover. Die Erzieherin sagte schließlich, die Kinder mögen auf das Kind mit dem roten Pullover zeigen. Die Kinder zeigten auf einen Jungen mit einem roten Pullover. Es war ein dunkelhäutiges Kind. Die Erwachsenen konnten den roten Pullover nicht mehr sehen, weil ihnen die Hautfarbe des Kindes die unbefangene Sicht versperrte. Für die Kinder aber war es das Kind mit dem roten Pullover. Wenn wir eine Gesellschaft wollen, die ihre Bürger am Pullover erkennt, bin ich mehr als bereit, meinen Beitrag dafür zu leisten.

Ich habe am Anfang schon gestehen müssen: Ich bin keine Expertin, und vielleicht haben meine Geschichten nur wenig dazu beitragen können zu erklären, wie Gemeinwohl funktioniert. Aber als Türkin möchte ich noch sagen, dass wir hier gerne leben, weil die politische Lage in der Türkei uns das Herz bricht. Als Deutsche wünsche ich mir, dass es ruhig mal mehr Lockerheit geben könnte in meinem Heimatland, und als Deutsch-Türkin wünsche ich mir, dass es kein „die“ und „wir“ mehr gibt, dass wir nur eine Gesellschaft sind. Ein Türkisches Sprichwort besagt: Sorma kisinin aslini, sohbetinden beli eder. Frage niemanden nach seiner Herkunft, er wird es mit seinen Erzählungen offenbaren.

# Zwischen Nächstenliebe und Professionalisierung

## Ein historischer Rückblick auf die Rolle der Diakonie im deutschen Sozialstaat

*Christiane Kuller*

Seit der Entstehung des deutschen Sozialstaats im 19. Jahrhundert gehört die Dualität von staatlichen Sozialleistungen und der tätigen Hilfe von freien Wohlfahrtsverbänden zu seinen zentralen Charakteristika. Die starke Stellung der freien und insbesondere der konfessionellen Wohlfahrtsverbände gilt im internationalen Vergleich als eine deutsche Besonderheit, ja als ein „deutscher Sonderweg"[1]. Bis heute ist die Rolle der konfessionellen Verbände einflussreich, das Verhältnis zwischen Diakonie und staatlicher Sozialpolitik hat aber in den vergangenen rund 135 Jahren der deutschen Sozialstaatsgeschichte auch gravierende Veränderungen erfahren, die die Zeitgenossen nicht selten als existenzielle Krise wahrnahmen.

Die protestantische Wohlfahrtspflege stand stets in einem engen Wechselverhältnis zu sozialen bzw. gesellschaftlichen Entwicklungen. Die Innere Mission entstand im 19. Jahrhundert im Kontext der Verarmung weiter Bevölkerungsteile während des Pauperismus und integrierte seither immer wieder neue Tätigkeitsfelder. Von der Bewältigung von Wirtschaftskrisen- und Kriegsfolgen über Hilfen für neu entstehende soziale Randgruppen bis hin zu Problemen von Migranten und Asylbewerbern in der Gegenwart – die evangelischen sozialen Einrichtungen hatten allein schon aufgrund ihrer institutionellen Lagerung im Bereich der Fürsorge zahlreiche Berührungspunkte mit diesen Fragen, und ihre Vertreter bestimmten die Debatten über den Umgang mit neuen sozialen Herausforderungen wesentlich mit. Es würde allerdings zu kurz greifen, die Entwicklung der evangelischen Wohlfahrtspflege nur als Reaktion auf soziale Probleme zu interpretieren. Sie war vielmehr immer auch Ausdruck von spezifischen sozialen und religiösen Ordnungsvorstellungen, die zu aktiven Initiativen motivierten.

Wichtig für ein Verständnis der Geschichte der Diakonie[2] ist die charakteristische doppelte Einbindung sowohl in kirchliche bzw. sozialprotestantische Kontexte als auch in den wohlfahrtsstaatlichen Rahmen. Dass diese beiden Bezüge nicht immer spannungsfrei zu koordinieren waren, gehört zu den wesentlichen Entwicklungsmerkmalen der Diakonie im deutschen Sozialstaat. „Verkirchlichung" und „Verstaatlichung" bilden dabei zwei Bezugs- bzw. Abgrenzungspunkte, zwischen denen sich die diakonische Arbeit im Laufe der Zeit bewegte und wiederholt neu positionierte. Die Frage nach der Rolle der Diakonie im deutschen Sozialstaat lässt sich auch unterschiedlich ausbuchstabieren: Man kann einmal danach fragen, welche Aufgaben die Diakonie im deutschen Sozialstaat übertragen bekam bzw. übernahm. Dann geht es um die staatliche Indienstnahme der diakonischen Einrichtungen und um eine funktionale Einordnung ihrer Aktivitäten in das sozialstaatliche Gesamtsystem.[3] Man kann aber auch umgekehrt fragen, wann und in welcher Hinsicht protestantische Ideen über die Diakonie in das System des deutschen Sozialstaats eingeflossen sind. Dann begibt man sich auf die Suche nach einer Art protestantischer Tiefengrammatik des deutschen Sozialstaats.[4] Beides soll in den folgenden Überlegungen eine Rolle spielen.

Der Beitrag richtet den Blick auf unterschiedliche historische Phasen im wechselvollen Verhältnis zwischen Diakonie und Sozialstaat und geht dazu in drei Schritten vor: Am Anfang stehen Vorbemerkungen zu Forschungsperspektiven, denn die Geschichte der Diakonie wird von unterschiedlichen Disziplinen untersucht, die ihre jeweils eigenen Methoden und Erkenntnisziele haben. Daran schließt sich ein Überblick über die Phasen und Zäsuren der Diakoniegeschichte an. Zeitlich setzt dies in der ersten Hälfte des 19. Jahrhunderts ein und spannt den Bogen bis in die Krisendebatten der 1960er Jahre. Die Endzäsur bildet der Beginn der „Vermarktlichung", die eine neue Phase einleitete und in aktuelle Gegenwartsdebatten überleitet. In einem dritten Abschnitt sollen zwei Thesen zur Entwicklung der Diakonie im deutschen Sozialstaat diskutiert werden. Dabei geht es zum einen um die sozialintegrative Bedeutung der Diakonie für die Erfolgsgeschichte des sozialstaatlichen Pioniermodells in Deutschland. Zum anderen wird gefragt, inwieweit eine Einbindung in den Sozialstaat Umfang und Bedeutung der evangelischen Wohlfahrtspflege förderte, gleichzeitig aber deren spezifische religiöse Motivation auch gefährdete.

## I. Forschungsperspektiven

Wesentliche Impulse für die Sozialstaatsgeschichte gingen und gehen bis heute von der Politikwissenschaft aus.[5] Die politikwissenschaftliche Forschung sucht seit den 1970er Jahren nach Triebkräften sozialstaatlicher Entwicklung und entwickelte in diesem Zusammenhang auch historische Deutungen. Lange dominierten dabei funktionalistische und vor allem klassenbezogene Interpretationen. Seit etwa dreißig Jahren wurde auch die Rolle von Religion und Kirche(n) vermehrt zum Untersuchungsgegenstand. Eine grundlegende Studie, die in dieser Hinsicht bis heute ein wichtiges Referenzwerk für die international vergleichende Sozialstaatsforschung bildet, stammt dabei von Gøsta Esping-Andersen aus dem Jahr 1990. Der Politikwissenschaftler und Soziologe charakterisierte eine seiner drei „Welten des Wohlfahrtsstaates“, nämlich den „sozialdemokratischen Typus“, als wesentlich geprägt vom Protestantismus.[6] Dieser Typus war nach Ansicht von Esping-Andersen vor allem in den skandinavischen Ländern zu finden. Deutschland gilt in seiner Typologie hingegen als „konservativer“ Sozialstaat katholischer Prägung mit einer relativ hohen Reformresistenz. Diese konfessionell polarisierende Charakterisierung ist in der Forschung seither vielfach kritisch hinterfragt worden. Vor allem Philip Manow hat in den letzten Jahren immer wieder dafür plädiert, den deutschen Sozialstaat als ein konfessionelles Mischprodukt zu interpretieren, in dessen Entwicklung auch protestantische Stimmen eine wichtige Rolle spielten.[7]

Der Protestantismus als Einflussfaktor auf die deutsche Sozialpolitik wurde bisher vergleichsweise wenig untersucht.[8] Die Prägekraft des Protestantismus zu identifizieren ist auch nicht ganz einfach, denn seine Haltung gegenüber dem deutschen Sozialstaat war keineswegs geradlinig. Gehörten protestantische Vertreter im 19. Jahrhundert zu den führenden Initiatoren sozialstaatlicher Aktivitäten – sowohl was das diakonische Handeln als auch was den zweiten Bereich des deutschen dualen Sozialstaatssystems, die Sozialversicherung, betrifft –, so gerieten sie in der Weimarer Zeit zunehmend in Distanz zum Sozialstaat. Dies war besonders gravierend, da diese Zeit eine Phase der institutionellen Konstituierung für den Sozialstaat war. Die Entfremdung des Protestantismus vom Sozialstaat Weimarer Prägung führte, so Manow, unter anderem zur Formulierung eines ausgesprochen sozialstaatsfeindlichen ordoliberalen Programms, das nach 1945 erhebliche Wirkungsmacht entfaltete und das Verhältnis von Sozialstaat und diakonischem Handeln zunächst deutlich kritisch grundierte. Gleichzeitig spielten diakonische Leistungen im expandierenden deutschen Sozialstaat der zweiten Hälfte des 20. Jahrhunderts eine große Rolle. Solche differenzierenden Überlegungen sind in eine Forschungskonzeption, wie sie etwa Gøsta Esping-Andersen zugrunde legte, kaum zu integrieren.

Im Vergleich zu politikwissenschaftlichen Konzeptionen in der Tradition von Esping-Andersen setzen ideengeschichtliche Forschungen den Akzent etwas anders. Hier werden Vertreter des sozialen Protestantismus als Vordenker und Akteure mit Gestaltungsanspruch sichtbar gemacht. Im Mittelpunkt stehen dabei die Prägekräfte von Theologie und Kirche.[9] Die Ideengeschichte fragt nach Sichtweisen und Konzeptionen sozialer Ordnung, die seit dem 19. Jahrhundert neu und daran anschließend mehrfach umformuliert wurden, und sie fragt nach den kommunikativen Netzwerken und politischen Arenen, in denen diese Vorstellungen wirkungsmächtig wurden.

Die Geschichte des sozialen Protestantismus ist auch mit einem ideengeschichtlichen Ansatz nicht leicht zu greifen, denn es gehört zu den Besonderheiten des Protestantismus, dass er sich in seinen sozialethischen Positionen plural präsentierte.[10] Diese Pluralität findet sich nicht nur in inhaltlicher Hinsicht, sondern auch in den Trägergruppen. Es werden nicht nur unterschiedliche Positionen als „protestantisch" vorgebracht, was eine Identifikation schon zeitgenössisch schwierig machte, sondern auch die Bestimmung von Personen, die überhaupt als Vertreter des Protestantismus gelten sollten, war und ist nicht unumstritten. Diese Pluralität erschwert eine Untersuchung des sozialen Protestantismus und dürfte wesentlich dazu beigetragen haben, dass sein ideengeschichtliches Profil im Rahmen des deutschen Sozialstaats bis heute weitaus weniger erforscht ist, als etwa das der katholischen Soziallehre.

Mit Traugott Jähnichen und Norbert Friedrich lassen sich aber drei inhaltliche verbindende Orientierungsmuster des sozialen Protestantismus identifizieren:[11] Einmal charakterisiert die Positionen des sozialen Protestantismus eine „etatistische Grundorientierung".[12] Im breiten Spektrum von sozialkonservativen Vertretern bis zu religiösen Sozialisten wird der Staat als Verkörperung des Gemeinwohls angesehen, der über den widerstreitenden Individualinteressen steht. Eine zweite Gemeinsamkeit besteht in der Vorstellung von kooperativen Strukturen ökonomischen Handelns. Dabei geht es um einen Interessenausgleich zwischen Kapital und Arbeit, der sich sowohl von linkem Klassenkampfdenken als auch von autoritärem Patriarchalismus auf Unternehmerseite distanzierte. Drittens schließlich und damit zusammenhängend werden Eigentum und Arbeit gleichermaßen gewürdigt. Hier grenzte sich der soziale Protestantismus gegen marxistische Vorstellungen ab und stellte sich in eine eigene Tradition des protestantischen Arbeitsethos.

Die Frage nach der ideengeschichtlichen Bedeutung des sozialen Protestantismus für die sozialstaatliche Entwicklung in Deutschland kann in zweifacher Hinsicht neue Akzente in der Sozialstaatsgeschichte setzen: Erstens gehört der soziale Protestantismus zweifellos zur Geschichte der „Wohlfahrtskultur", die Erfahrungswelten, Erwartungshorizonte und Sinndeutungen als eigenständige Faktoren in (sozial)politischen Entscheidungsprozessen untersucht. Versteht man die Geschichte des Sozialstaats nicht nur als einen von sozioökonomischen Gegebenheiten und politischen Machtkonstellationen getriebenen Prozess, sondern bezieht auch kulturelle Prägungen mit ein, dann nimmt der Protestantismus darin eine zentrale Stellung ein.[13]

Der Blick auf die Rolle des Protestantismus im deutschen Sozialstaat eröffnet zudem im Hinblick auf sozialstaatliche Entwicklungsdynamiken neue Perspektiven. Studien, die die Geschichte des Sozialstaats vor allem in einer modernisierungstheoretischen Perspektive als Expansionsgeschichte darstellten, rückten in der Regel die treibenden Faktoren des Ausbaus – insbesondere den sozialen Katholizismus und die Sozialdemokratie – in den Vordergrund. Im Unterschied dazu kann unter der Perspektive protestantischer Konzeptionen die Entwicklung als offenerer Prozess gedeutet werden, der nicht nur die Modi der Ausweitung (und des Rückbaus), sondern auch dazu quer stehende Gestaltungsimpulse und -prozesse kennt. In einem solchen Untersuchungsdesign gewinnen auch die sozialstaatskritischen Stimmen aus dem protestantischen Lager, die es insbesondere in der Mitte des 20. Jahrhunderts gab, an Bedeutung.[14]

Die historische Sozialstaatsforschung argumentiert vielfach ideengeschichtlich und knüpft auch an politik- und sozialwissenschaftliche Analysen an. Dabei gehört es zum Kerngeschäft von Historikern, zeitgenössische Debatten zu historisieren. Es gibt seit einigen Jahren eine Debatte darüber, wie mit den Ergebnissen zeitgenössischer Selbstbeobachtung historisch-kritisch umzugehen ist. Wissenschaftliche Studien übernehmen die Deutungsperspektiven der Zeitgenossen bzw. sind Teil einer zeitgebundenen Deutungsgemeinschaft, und man muss diese Deutungsperspektiven im Hinblick auf ihre Erkenntnisinteressen und Methoden heute, mit zeitlichem Abstand, grundlegend hinterfragen und in die jeweiligen zeitgenössischen Denkstrukturen und Weltvorstellungen einordnen.[15]

## II. Geschichte der Diakonie im deutschen Sozialstaat im Überblick

Die Geschichte der modernen Diakonie beginnt in Deutschland in der ersten Hälfte des 19. Jahrhunderts. Dass es in dieser Zeit zu einem Aufschwung der sozialen Hilfstätigkeiten in christlichen Milieus kam, wird vor allem auf zwei Gründe zurückgeführt:[16] Zum einen verarmten mit Beginn der Industrialisierung weite Bevölkerungsteile und gerieten in existenzielle Not; der sogenannte Pauperismus breitete sich in Deutschland zwischen 1820 und 1848 aus. Die Entwicklung der Diakonie lässt sich aber nicht allein als Reaktion auf diese sozialen Notstände erklären. Die neuen karitativen Bewegungen hatten zudem einen Hintergrund in geistlichen und ideellen Strömungen der Zeit: in der aus dem Pietismus entstandenen Erweckungsbewegung mit ihrer volksmissionarischen Ausrichtung sowie im frühbürgerlichen Verantwortungsbewusstsein für soziale Fragen, das zu zahlreichen Gründungen sozialer Hilfsvereine führte. Die protestantischen Initiativen wurden bekanntlich von Johann Hinrich Wichern seit den 1830er Jahren organisatorisch zusammengefasst. Auf dem Wittenberger Kirchentag 1848 präsentierte er seine Ideen einem breiteren Publikum und initiierte die Gründung des „Central-Ausschuß für die Innere Mission".

Mit Blick auf die Gründungsphase der Inneren Mission sind vor allem drei Aspekte hervorzuheben: Wichtig ist zunächst, dass die Innere Mission zu diesem Zeitpunkt kein sozialreformerisches Projekt war. Im Gegenteil: Der Historiker Thomas Nipperdey sah in ihr ein „Instrument der Rettung der bestehenden Herrschafts- und Gesellschaftsordnung im patriarchalischen Stil"[17]. Man muss daher das Missverständnis ausräumen, das sich häufig mit Blick auf die Gründungsphase der Inneren Mission verbindet: Soziale Hilfe bedeutete im 19. Jahrhundert nicht automatisch einen Kampf für soziale Reformen – die Aktivitäten der Innern Mission waren vielmehr konservativ ausgerichtet und zielten auf eine (Re)Stabilisierung traditioneller Ordnungsverhältnisse.

Die Innere Mission zielte zudem in erster Linie nicht auf soziale Hilfen, sondern primär auf eine Volksmission. Wichern und andere Initiatoren der Inneren Mission wollten die verarmten und sozial entwurzelten Bevölkerungsteile wieder zum Glauben führen. Die Bekämpfung von Armut und Not war in ihren Augen allerdings eine dafür notwendige Voraussetzung.[18] Die Frage nach dem Verhältnis zwischen sozialer Arbeit und Volksmission, die sich durch die folgenden 150 Jahren immer wieder in neuen Varianten stellte, prägte also bereits die Gründungszeit der Diakonie.

Noch ein dritter Aspekt der Gründungsgeschichte gehört zu den Weichenstellungen der Frühphase der Inneren Mission mit langfristigen Folgen. In den Augen Wicherns waren die bestehenden Kirchenstrukturen für den Aufbau der Hilfsorganisation aus mehreren Gründen ungeeignet:[19] Einmal hatten die Ortsgeistlichen neben Predigt, Seelsorge und Kasualien kaum genügend Kapazitäten für volksmissionarische Aktivitäten. Zudem sollten die Aktivitäten der Inneren Mission überregional angelegt sein.[20] Schließlich war ihm auch wichtig, dass sich die Mitglieder in der Inneren Mission freiwillig engagierten. Die Innere Mission sollte daher wie ein bürgerlicher Verein jener Zeit organisiert sein: unabhängig von bestehenden Kircheninstitutionen, überregional und auf freiwilliger Basis. Die Distanz zu kirchlichen Strukturen war ein Grund dafür, dass die Landeskirchen die Innere Mission von Anfang an misstrauisch beobachteten. Das latente Spannungsverhältnis zwischen Kirchenleitungen und Vereinen der Inneren Mission war also bereits in der Gründungskonstellation angelegt.

Nach der Gründung wuchs die Innere Mission rasch zu einer Organisation an, die das ganze Deutsche Reich umfasste und auch über seine Grenzen hinausreichte. Die Mitgliedsverbände der Inneren Mission betrieben Armenhäuser, Heime für Schwerbehinderte, geschlossene Einrichtungen der Erziehungsfürsorge und Stadtmissionen.[21] Ein Erfolgsfaktor für die Expansion war, dass die Innere Mission (entsprechend ihren Wurzeln in der Erweckungsbewegung) auf eine konfessionelle Festlegung verzichtete. Auch entstanden keine zentralen Entscheidungsgremien, sondern der Berliner Central-Ausschuss verstand sich lediglich als Beratungsinstitution für die Landesverbände.[22]

Die Innere Mission war also bereits eine reichsweite Organisation, als der deutsche Reichskanzler Otto von Bismarck in den 1880er Jahren mit der Einrichtung der Sozialversicherungen in Deutschland begann und damit die zweite Säule des deutschen Sozialstaats etablierte. Auch hierfür spielte der soziale Protestantismus eine wichtige Rolle. Bismarcks Sozialgesetzgebung kann als Element des protestantischen Projekts der Nationalstaatsbildung gelten, das gegen Sozialdemokratie und auch gegen das katholische Zentrum gerichtet war.[23] Mit der Einführung von Kranken-, Unfall-, Invaliden- und Rentenversicherung war auch erstmals eine zuverlässige finanzielle Verbindung zwischen freier Wohlfahrtspflege und staatlicher Sozialpolitik hergestellt. Für die Versicherten wurden Pflegesätze von den Krankenkassen gezahlt, die an die Krankenhäuser in kirchlicher Trägerschaft flossen. Damit entstand ein Finanzstrom auch in die Einrichtungen der Inneren Mission, von denen zuvor viele nur im Rahmen des Armenrechts unregelmäßige Zuschüsse erhalten hatten. Unmittelbar vor dem Ersten Weltkrieg war die freie Wohlfahrtsarbeit der Inneren Mission etwa zu einem Drittel durch öffentliche Pflegegelder, zu vier Prozent aus eigenen Erwerbsbetrieben und ansonsten durch Eigenmittel (Vereinsbeiträge und ähnliches) finanziert.[24]

Mit dem Ersten Weltkrieg kam es zu einer erneuten Umstrukturierung im dualen Sozialstaatssystem. Für viele Fürsorgefälle – vor allem für Frauen, Kriegsopfer und ihre Angehörigen – übernahm der Staat nun die Finanzierung. Dies bedeutete eine nochmalige Ausweitung der finanziellen Transfers zwischen Staat und freien Trägern und war verbunden mit einer Aufwertung der Fürsorge. Bereits vor Beginn des Ersten Weltkriegs war die Innere Mission zur größten freien Wohlfahrtsorganisation in Deutschland geworden. Allerdings stand den Verbänden auf Reichsebene zunächst kein staatliches Pendant gegenüber. Jenseits der allgemeinen Rahmengesetzgebung gab es vor 1919 keine Aktivitäten auf Reichsebene. Koordination zwischen öffentlichen Stellen und privaten Trägern fand zunächst nur auf lokaler Ebene statt.[25] Das veränderte sich in der Weimarer Republik, die als eigentliche formative Phase für das Verhältnis zwischen freier und staatlicher Wohlfahrtspflege gilt. Mit dem Reichsarbeitsministerium entstand nun eine zentrale Institution für die zunehmende Aktivität des Reiches als regulierende und finanzierende Instanz.[26] 1919 wurde die duale Wohlfahrtsstaatsstruktur zudem in der Weimarer Reichsverfassung festgeschrieben. Damit traten die freien Wohlfahrtsverbände – somit auch die Innere Mission – formal in die Struktur des deutschen Wohlfahrtsstaates ein. Gesetze wie das Reichsjugendwohlfahrtsgesetz (1922) und die Fürsorgepflichtverordnung (1924) konkretisierten die Einbindung der freien Wohlfahrtspflege in die staatliche Politik und wiesen ihr dabei eine tragende Rolle bei der Bereitstellung sozialer Dienste und Infrastrukturen zu. Eng verbunden war dies mit dem nun erstmals festgeschriebenen Subsidiaritätsprinzip, das den freien Trägern einen Vorrang vor staatlichen, insbesondere kommunalen Leistungsanbietern garantierte.

Noch etwas änderte sich in der Weimarer Republik: Hatten sich die Träger der freien Wohlfahrtspflege im Kaiserreich als unpolitisch empfunden, so war dies in der Parteiendemokratie nach 1919 nicht mehr möglich. Politische Parteien vertraten nun unterschiedliche sozialpolitische Ziele, zu denen sich die Wohlfahrtsverbände positionieren mussten. Eng mit der Politisierung verbunden war die Erfahrung des sozialen Protestantismus, dass er in der Weimarer Zeit zunehmend marginalisiert wurde, nicht zuletzt deshalb, weil der Protestantismus, nachdem er zuvor in der Gründungsphase des Sozialstaats noch staatskirchlich verfasst gewesen war und zur Verantwortungselite des Kaiserreiches gehört hatte, nach 1919 keine starke, in sich geschlossene parteipolitische Vertretung hatte. Dass die katholische Zentrumspartei und die Sozialdemokratie das Projekt Sozialstaat vereinnahmten, führte – so die These von Philip Manow – zu einer zunehmenden Entfremdung des Protestantismus vom Sozialstaat Weimarer Prägung.[27]

Zur Entwicklung von organisatorischen Strukturen der Inneren Mission und Praktiken ihrer Einrichtungen während des „Dritten Reichs" liegt inzwischen eine kaum mehr zu überblickende Zahl von Studien vor. An dieser Stelle sollen vor allem drei Entwicklungslinien im Verhältnis zwischen staatlicher Sozialpolitik und freier Wohlfahrtspflege hervorgehoben werden:

a) Versuche der zwangsweisen Gleichschaltung bzw. Übernahme des Central-Ausschusses für Innere Mission, die es ab 1933 mehrfach gab, sind gescheitert. Auch der Versuch der Nationalsozialistischen Volkswohlfahrt, durch die Gründung einer eigenen „Braunen Schwesternschaft" die Vorherrschaft konfessionellen Pflegepersonals in öffentlichen wie konfessionellen Einrichtungen zurückzudrängen, blieb erfolglos. Uwe Kaminsky konstatiert allerdings mit Verweis auf die NS-Begeisterung, die anfangs auch die Innere Mission in weiten Teilen prägte, eine Art „Selbstgleichschaltung" und sieht ähnliche Vorgänge in Verbänden wie bei der Deutschen Diakonenschaft und den evangelischen Schwesternschaften.[28] Die anfängliche Begeisterung für den Nationalsozialismus kühlte sich seit 1934 merklich ab und wich einer „loyalen Distanz" (Kaminsky) zum Nationalsozialismus. Diese Distanz speiste sich allerdings in vielen Fällen nicht nur aus einer Ablehnung der nationalsozialistischen Ideologie sondern auch aus dem Widerstand gegen Verstaatlichungs- und Verkirchlichungstendenzen, die die Autonomie der Inneren Mission infrage stellten.[29]

b) Auch wenn die Innere Mission während der NS-Zeit nicht aufgelöst wurde, wurde sie von der Nationalsozialistischen Volkswohlfahrt (NSV) teilweise verdrängt. Während sich die NS-Institution vor allem in der Arbeit für „gesunde" Fürsorgefälle der „Volksgemeinschaft" ausbreitete, blieben den konfessionellen Trägern besonders die Felder der Fürsorge für Kranke, Behinderte und „Erbkranke".[30] Diese Art der Arbeitsaufteilung zwischen NSV und Innerer Mission führte dazu, dass die Einrichtungen der Inneren Mission im Bereich der NS-Staatsverbrechen eine wichtige Rolle spielten, weil sie Träger von

Heimen und Anstalten waren, in denen Menschen lebten, die das Ziel der menschenverachtenden Politik der Nationalsozialisten waren.[31] Das 1933 verabschiedete „Gesetz zur Verhütung erbkranken Nachwuchses" wurde in evangelischen Häusern vielfach bereitwillig angewandt. Auch wenn genaue Zahlen fehlen, geht die Forschung doch von einer „großen Zahl" von betroffenen Zwangssterilisierten aus. Die Behinderten-, Erziehungs- und psychiatrischen Anstalten in evangelischer Trägerschaft meldeten Menschen zur Unfruchtbarmachung, evangelische Krankenhäuser führten solche zwangsweisen Sterilisationsoperationen durch. Als mit Kriegsbeginn der Mord an mehr als 200.000 geistig behinderten Menschen einsetzte, waren die Widerstände dagegen nach Einschätzung von Uwe Kaminsky in den evangelischen Anstalten lediglich „verhalten".[32] Das Selbstbild des Widerstands oder doch zumindest der geschützten Insel, das viele kirchlichen Einrichtungen nach 1945 lange Zeit gepflegt haben, wird durch neuere Forschungsbefunde nachdrücklich in Frage gestellt. Umso mehr Beachtung verdienen die wenigen Proteststimmen wie etwa der Leiter der Hoffnungstaler Anstalten Lobetal und Vizepräsident des Zentralausschusses der Inneren Mission, Paul Gerhard Braune, die sich weigerten, für ihre Patienten Meldebögen auszufüllen, die am Ende Todesurteile waren.[33]

Kirchliche Einrichtungen profitierten auch vom System der NS-Zwangsarbeit.[34] Seit Kriegsbeginn wurden ausländische Arbeitskräfte, die durch Zwangsmaßnahmen zum „Ausländereinsatz" nach Deutschland verbracht worden waren, auch von kirchlichen Einrichtungen angefordert und diesen zugewiesen. Die Zahl der

Zwangsarbeiter in evangelischen Einrichtungen wird auf etwa 12.000 geschätzt.

Auch gegenüber der nationalsozialistischen Ausgrenzung und Diskriminierung von Juden fand die Innere Mission keine eindeutige und ablehnende Haltung. Oftmals aus Opportunität, teilweise auch aus Überzeugung, nahm man die diskriminierende Behandlung der Juden hin. Diakone und Diakonissen „jüdischer Herkunft" blieben vielfach ungeschützt. Patienten „jüdischer Herkunft" wurden auch aus evangelischen Einrichtungen verdrängt und deportiert.

c) Wichtig ist schließlich noch ein dritter Aspekt: Im Zweiten Weltkrieg trugen die konfessionellen Wohlfahrtsorganisationen wesentlich zur pflegerischen Infrastruktur für den nationalsozialistischen Rassenkrieg bei. Die Wehrmacht hatte ein nachdrückliches Interesse an einem Zugriff auf konfessionelle Schwestern. Protestantische Einrichtungen wie zum Beispiel die Diakonissenanstalt in Düsseldorf-Kaiserswerth, die Schwestern für die Versorgung der Wehrmachtslazarette und Krankenhäuser stellten, waren unverzichtbar. Letztlich bleibt damit eine ambivalente Bilanz: Es war die – vielfach bereitwillige – Unterstützung für den nationalsozialistischen Krieg, die ihre Existenz gesichert hat.[35]

Viele Darstellungen zur Rolle der Diakonie im Sozialstaat stellen die NS-Zeit nur kursorisch dar.[36] Die Mitwirkung an den NS-Verbrechen erscheint als eine Art isolierter Teilbereich, der in die langen Entwicklungsbögen argumentativ nicht näher eingebunden wird. Nach Ansicht des Kirchenhistorikers Kurt Nowak hingegen verweist die Verstrickung der Inneren Mission in die Verbrechenspolitik des „Dritten Reiches" auf ein grundsätzliches

Strukturproblem: Nachdem sie in der Weimarer Zeit ein erfolgreicher „sozialer Konzern" geworden war, wurde die Fürsorge- und Wohlfahrtspolitik der Inneren Mission auch von den „in dieser Entwicklung liegenden Zwängen" bestimmt. Je mehr sich die Verantwortlichen der Inneren Mission als staatliche Funktionselite verstanden, desto schwerer fiel, so Nowak, eine Kursbestimmung gegen den politischen und gesellschaftlichen „Mainstream".[37] In vielen Fällen sind Versuche eines Gegenkurses aber im historischen Rückblick auch gar nicht zu erkennen, führende Vertreter des sozialen Protestantismus, wie etwa der Sozialhygieniker Hans Harmsen, waren vielmehr Vordenker einer eugenisch ausgerichteten Fürsorgepolitik.[38]

Man kann die expliziten Rückbezüge auf die Weimarer Zeit, die die Entwicklung nach 1945 prägten und die auch die Zeitgenossen nach 1945 vielfach hervorgehoben haben, als eine Form der Distanzierung vom Nationalsozialismus und programmatische Kontinuität im Hinblick auf zentrale Merkmale des Weimarer Sozialstaats insbesondere auf das (katholisch konnotierte) Subsidiaritätsprinzip deuten. Die dominante Rolle des Staates im „Dritten Reich" sollte der Vergangenheit angehören. Auch wenn organisatorisch Kontinuitätslinien zur Weimarer Zeit und Strukturbrüche gegenüber der NS-Zeit dominieren, lassen sich über die Zäsur von 1945 hinweg auch erhebliche Kontinuitäten im Umgang mit sozialen Randgruppen in Heimen und geschlossenen Einrichtungen identifizieren. Diese Kontinuitäten verweisen darauf, dass man in dieser Hinsicht in den Einrichtungen der Diakonie nicht etwa die NS-Zeit „übersprungen" hat. Vielmehr finden sich in den Leitvorstellungen für die Ausgestaltung der sozialen Arbeit und in der alltäglichen Praxis in sozialen Einrichtungen Fortsetzungen nicht zuletzt auch von eugenischem Gedankengut.

Dass dies nach 1945 nicht stärker skandalisiert wurde, hängt u.a. mit gesellschaftsweiten Kontinuitäten sozialer Ordnungsvorstellungen in diesem Bereich zusammen.[39] Es ist aber auch Indiz für eine sehr erfolgreiche Erinnerungspolitik kirchlicher Einrichtungen nach 1945. Die Innere Mission hatte den Nationalsozialismus ohne Gleichschaltung überstanden. Und mehr als das: Sie galt nach 1945 ähnlich wie die Kirchen als moralisch hochangesehene Institution, die für ein „anderes Deutschland" stand, das sich in Abgrenzung zum Nationalsozialismus an christlichen Werten orientierte.

Mit Blick auf die ersten Jahre nach dem Ende des Zweiten Weltkriegs springt auch eine neue Weichenstellung ins Auge: 1945 kam es – mit dem neu gegründeten Kirchlichen Hilfswerk, das die protestantische Wohlfahrtsarbeit nach Kriegsende dominierte – zu einer „Verkirchlichung". Das Kirchliche Hilfswerk war nicht wie die Innere Mission ein von der Kirche unabhängig strukturierter Verband, sondern Teil der Kirchenorganisation. Bis zur Fusion Mitte der 1970er Jahre gab es somit zwei getrennte Zweige der Diakonie: einen kirchlichen und einen vereinsbasierten.

Die unmittelbare Nachkriegszeit kann in funktionaler Perspektive als eine „Hochzeit" der freien Wohlfahrtspflege bezeichnet werden. Die Verbände füllten in der „Zusammenbruchgesellschaft" (Christoph Kleßmann) für einige Jahre in erheblichem Maße die Lücken der zerstörten sozialstaatlichen Strukturen. Auch die Notlagen der Zeit entsprachen dem Leistungsangebot der Verbände; die klassischen Leistungen der Sozialversicherung

– Lohnersatz bei Arbeitsunfähigkeit – hatten im Vergleich dazu in der Nachkriegssituation wenig Bedeutung.[40]

Zum Zeitpunkt der Gründung der Bundesrepublik Deutschland 1949 befanden sich die konfessionellen Wohlfahrtsverbände dann bereits in einer etablierten Position und konnten ihre starke Rolle weiter festigen. Das Bonner Grundgesetz (Art. 123 und Art. 140) und die Sozialgesetzgebung der 1950er Jahre fixierten seine duale Struktur und bestärkten die Stellung der Wohlfahrtsverbände im deutschen Sozialstaat. Anders als in Zeiten der Weimarer Republik hatten die Unionsparteien als überkonfessionelle Parteien auch ein großes Interesse an einer starken konfessionellen Wohlfahrtspflege katholischer wie protestantischer Prägung.

Die 1960er Jahre waren auf der einen Seite durch eine weitere Stabilisierung der Vorrangstellung der freien Wohlfahrtsverbände im Sozialstaat gekennzeichnet. Als rechtliche Schlüsselregelungen dafür gelten die Bestimmungen im Bundessozialhilfegesetz (BSHG)[41] und Jugendwohlfahrtsgesetz (JWG) Anfang der 1960er Jahre, die die Vorrangstellung der konfessionellen Wohlfahrtsverbände mittels einer „Funktionssperre" gegen staatliche Leistungsanbieter erneut festschrieben. Die rechtliche Stärkung ging Hand in Hand mit einem Ausbau der Einrichtungen. Die Innere Mission wuchs mit dem stark expandierenden Sozialstaat.[42] Aus dieser Perspektive erscheinen die 1960er Jahre als ein „goldenes Zeitalter" der protestantischen Wohlfahrtspflege.

Dem steht allerdings die zeitgenössische Selbstwahrnehmung der Verbände gegenüber, die zunehmend Krisensymptome zu erkennen meinten.[43] Für zeitgenössische

Beobachter recht unerwartet bildeten die 1960er Jahre nämlich eine als geradezu existenzbedrohlich wahrgenommene Umbruch- und Wendezeit. Dafür schien eine ganze Reihe von Faktoren zu sprechen: Personell kam es zu einem dramatischen Rückgang der Ordensangehörigen bzw. Diakonissen und Verbandsschwestern, während die Zahl der professionellen und vielfach akademisch gebildeten, aber nicht in gleichem Maße durch ihren Glauben motivierten Mitarbeiter stark anstieg. Hinzu kam: Mit der zunehmenden Einbindung in die staatlichen Aufgaben nahmen auch die staatlichen Vorgaben und Kontrollen sowie die finanzielle Abhängigkeit vom Staat zu. In standardisierten Verfahren der Pflege und Betreuung von Hilfsbedürftigen schien das „Proprium" protestantischer Wohlfahrtspflege immer weiter in den Hintergrund zu treten. Religiöse Spezifika der sozialen Leistungserfüllung der Diakonie schienen in Frage gestellt. Was religiös fundierte von anderen humanitär motivierten sozialen Dienstleistungen unterschied, war angesichts zunehmender Professionalisierung und staatlicher Normierung immer schwieriger zu identifizieren.[44] Schließlich entstand ab den 1970er Jahren auch eine Kultur von Selbsthilfegruppen, die die bisherigen Konzepte diakonischer Hilfen grundsätzlich in Frage stellten. Auch die Tendenzen der Verwissenschaftlichung seit den 1960er Jahren schienen in Spannung zum herkömmlichen, dominant theologisch geprägten Verständnis von Hilfehandeln zu stehen.[45]

Man kann daher seit den 1960er Jahren die paradoxe Situation beobachten, dass parallel zur immer stabileren Einbindung in den bundesdeutschen Sozialstaat und auch parallel zum Anwachsen von Aktivitäten der Diakonie im expandierenden deutschen Sozialstaat in den Einrichtungen ein Krisendiskurs entstand, in dem das Ende protestantischer Sozialarbeit diskutiert wurde. Bis heute ist dieser Krisendiskurs nicht zur Ruhe gekommen, auch wenn sich seine Schwerpunkte teilweise verschoben haben.[46] Ein Kernansatz dieser Krisendebatte war die Annahme, dass es gerade die enge Einbindung in sozialstaatliche Strukturen war, die eine evangelische Signatur im diakonischen Handeln zum Verschwinden brachte. Dieser Interpretation nach war die Integration der Diakonie in den deutschen Sozialstaat gleichzeitig eine schwerwiegende Problemursache, und je stärker diese ins staatliche System integriert wurde, umso größer musste das Problem werden.

An dieser Stelle soll auch ein Blick auf die Entwicklung in der DDR geworfen werden. Hier endete mit der Gründung der DDR eine Phase der Kooperation zwischen West- und Ost-Diakonie, die im Zeichen des Wiederaufbaus gestanden hatte. In den frühen 1950er Jahren deuteten Verhaftungen von Mitarbeitern und Beschlagnahmungen von Einrichtungen darauf hin, dass die Diakonie in der DDR ausgeschaltet werden sollte. Letztlich kam es dazu jedoch nicht. Vielmehr hatten die diakonischen Einrichtungen je nach Handlungsfeld unterschiedliche Freiräume: Insbesondere bei der Behindertenbetreuung nahmen kirchliche Anstalten eine Schlüsselrolle ein, während etwa in der Jugendhilfe ihr Einfluss durch staatliche Einrichtungen zurückdrängt wurde. In den 1980er Jahren konnten evangelische Einrichtungen, deren soziale Arbeit in der DDR dringend benötigt wurde, ihre Situation verbessern und beispielsweise Studientagungen durchführen und neue Arbeitsbereiche erschließen, etwa in der Telefonseelsorge.[47]

## III. Schlussbetrachtungen

„Zwischen Nächstenliebe und Professionalisierung" lautet der Titel dieses Beitrags. Damit ist ein Spannungsverhältnis angesprochen, das in Darstellungen zur Geschichte der Diakonie im deutschen Sozialstaat eine zentrale Rolle spielt. Die beiden Stichworte verweisen auf die doppelte Einbindung diakonischer Arbeit, einerseits in religiöse Kontexte – das „Proprium" diakonischer Einrichtungen, das diese von anderen Leistungsanbietern im Sozialbereich unterscheidet – und andererseits die zunehmende Eingliederung in den Sozialstaat, die Prozesse der Professionalisierung und Vereinheitlichung mit sich brachte.[48]

Im historischen Rückblick kann die spezifische konfessionelle Motivation der evangelischen Diakonie anfangs als ein entscheidender Erfolgsfaktor für den deutschen Sozialstaat interpretiert werden. Ausgangspunkt einer solchen Argumentation ist die Annahme, dass der spezifische „Wohlfahrtsmix" bzw. „Wohlfahrtspluralismus" im Deutschen Reich des 19. Jahrhunderts das Ergebnis von Klassen- und Konfessionskonflikten zwischen Arbeit und Kapital, zwischen unterschiedlichen Religionen und Konfessionen und zwischen Kirchen und Staat war. Die säkulare staatliche Sozialpolitik wurde demnach durch weltanschaulich gebundene Verbände flankiert. Diese konkurrierten nicht untereinander, sondern überwölbten jeweils spezifische gesellschaftliche Spannungslinien und wirkten in diesem Sinne integrativ. In der Weimarer Republik zeigt sich die Situation modifiziert: Es entstand ein Parteienstaat, auch hier standen die Parteien aber für sozialkulturelle Milieus, für die die konfessionellen und andere freie Wohlfahrtsverbände ihre integrative Funktion behielten.

Nach 1945 knüpfte der deutsche Sozialstaat erneut an das traditionelle duale System mit seiner starken Rolle der freien Träger an. Lange Zeit ging die Forschung davon aus, dass deren sozialintegrative Rolle in den 1960er Jahren obsolet wurde. Sie deutete die Krise der konfessionellen Wohlfahrtspflege dahingehend, dass die gesellschaftliche Binnendifferenzierung entlang von Konfessionsgrenzen zu verschwinden schienen. Wenn in den Auseinandersetzungen um das Subsidiaritätsprinzip in den 1960er Jahren weiterhin das Argument hochgehalten wurde, dass evangelische Hilfesuchende Ansprechpartner in ihrem Milieu haben müssten, wirkte dies eher wie eine Reminiszenz an frühere Zeiten denn wie eine aktuelle Diagnose. Ob das protestantische sozialkulturelle Milieu allerdings wirklich verschwand und sich nicht nur wandelte, ist aus heutiger Sicht – nicht zuletzt im Lichte der Diskussion um die Säkularisierungsthese – eine offene Frage. Zumindest ist die integrative Funktion freier Wohlfahrtsverbände heute nicht vollständig verschwunden: Die aktuellen Debatten um einen islamischen Wohlfahrtsverband lassen sich ein Stück weit in dieser langen historischen Tradition verorten.[49]

Bereits seit der Gründungszeit der Inneren Mission sind die vermeintlichen Risiken einer Vereinnahmung durch staatliche Politik thematisiert worden. Die Annahme, dass eine aus Nächstenliebe motivierte Hilfstätigkeit mit staatlicher Sozialpolitik unvereinbar sei, prägte schon die Gründungsphase der Inneren Mission. Johann Hinrich Wichern etwa lehnte für sein „Rauhes Raus"[50] staatliche finanzielle Unterstützung ab, weil sich die Einrichtung dadurch in Gefahr begebe, „den Grundsatz der Liebe zu verlassen, wenn sie ihr Bestehen und Wirken von Unterstützungen des Staates abhängig machen wollte". Auch eine Indienstnahme der Inneren Mission durch den Staat lehnte Wichern ab, weil dies die „Freiheit des Dienstes" gefährde, gleichwohl leistete die Innere Mission seiner Ansicht nach dem Staat ihren Dienst, allerdings „ohne Befehl" und „ohne Lohn".[51] Tatsächlich wurden die Aufgaben der Inneren Mission bis 1914 überwiegend durch Vereine und Spenden finanziert. Der Erste Weltkrieg bildete dann eine erste tiefgreifende Zäsur, die zu deutlich mehr staatlicher Regelung, Finanzierung und Kontrolle über die Arbeit der diakonischen Einrichtungen führte, eine Tendenz, die sich in der Weimarer Zeit weiter fortsetzte. Die Analyse der Verstrickung von Einrichtungen der Inneren Mission in die Verbrechenspolitik des Nationalsozialismus muss, wie oben erwähnt, ebenfalls die inzwischen sehr enge Verflechtung von staatlicher Sozialpolitik und freier Trägerschaft einbeziehen. Nach 1945 äußerten sich führende Vertreter der EKD zunächst im Kontext eines ordoliberalen Ansatzes ausgesprochen sozialstaatskritisch, und mit der Betonung des Subsidiaritätsprinzips sicherten sich die Träger der freien Wohlfahrtspflege nach 1945 auch eine starke Position, die jedoch nicht im Widerspruch dazu stand, dass sich der Verflechtungsprozess zwischen Staat und Einrichtungen in freier Trägerschaft in den 1960er Jahren fortsetzte.[52] Gleichzeitig begann die erwähnte Krisendebatte: Religiös motivierte Schwestern und Diakonissen verschwanden zunehmend aus dem Arbeitsalltag der diakonischen Einrichtungen, die neuen Mitarbeiter hatten geregelte Arbeitszeiten und professionelle Ausbildungsstandards, hingegen nicht unbedingt einen christlichen Hintergrund. Auch wenn sich damit in vielen Einrichtungen die Versorgungssituation professionalisierte, wurde und wird diese Entwicklung als eine Verlustgeschichte erzählt, in der das Motiv der Nächstenliebe und der Selbstlosigkeit in den Hintergrund trat und stattdessen Sozialkonzerne entstanden, denen man die christliche Trägerschaft kaum noch anmerkte. Im immer enger werdenden Korsett staatlicher Vorgaben waren diakonische Einrichtungen zur Vereinheitlichung ihrer Angebote gezwungen. Sind also – in Anlehnung an ein Bonmot des Sozialpädagogen Markus Jüster – aus funktionalen Dilettanten professionelle Opportunisten geworden?[53]

Ein solches Niedergangsnarrativ kann kritisch hinterfragt werden. So kann man die Entwicklung der evangelischen Wohlfahrtspflege seit den 1960er Jahren auch als eine anhaltende Erfolgsgeschichte interpretieren. Es kam nicht zu einer Auflösung evangelischer Einrichtungen, vielmehr sind diese bis heute, fast ein halbes Jahrhundert später und mit ihrer hochgradigen Professionalisierung, mächtige Akteure im deutschen Sozialstaat. Ob christliche Motivation in einem professionalisierten Umfeld unsichtbar werden muss, ob Nächstenliebe und Professionalisierung somit zwei entgegengesetzte Pole sind, zwischen denen sich die Mitarbeiter diakonischer Einrichtungen entscheiden müssen, das ist mit Blick auf die Erfolgsgeschichte der protestantischen Einrichtungen durchaus zu diskutieren, auch wenn in der historischen Situation der 1960er Jahre die organisatorischen Veränderungen in der Wahrnehmung der Zeitgenossen darauf hinzudeuten schienen.[54]

Eine alternative Interpretation entwickelte der (katholische) Kirchen- und Sozialstaatshistoriker Karl Gabriel. Er geht davon aus, dass die Wohlfahrtseinrichtungen in einer zunehmend säkularisierten Gesellschaft agierten. In diesem Sinn diagnostiziert er ab den 1960er Jahren, dass sich säkulare und religiöse Elemente in den Wohlfahrtsverbänden zunehmend verschränkt hätten. Dies entsprach nach Gabriel einer Neuinterpretation religiös inspirierten Handelns in einer zunehmend entkirchlichten Gesellschaft, in der die sozialstaatlichen Systeme expandierten. Die zeitgenössisch befürchtete Säkularisierung war demnach also eine Anpassung an eine gesellschaftliche Entkirchlichung und einen Wertewandel, der jedoch das evangelische Profil gerade nicht verwischen musste, sondern auch schärfen konnte.[55] In langfristiger Perspektive wäre somit zu fragen, inwiefern die Krisendebatten seit den 1960er Jahren vielleicht auch nur Ausdruck des angstvollen Blicks konservativer Sozialstaatskritiker auf eine spezifische historische Situation waren, deren Bewertungskategorien man sich aus heutiger Sicht nicht zu eigen machen muss.

# Der delegierende Staat

## Diakonie und bundesdeutsche Wohlfahrtsstaatlichkeit

*Andreas Busch*

### I. Einführung und Überblick

In meinem Beitrag möchte ich eine politikwissenschaftliche Perspektive auf das Thema „Die Rolle der Diakonie im bundesdeutschen Sozialstaat" einnehmen. Was bedeutet das? Es bedeutet zunächst eine Betrachtung aus dem Blickwinkel des politischen Systems der Bundesrepublik Deutschland, also eine Betrachtung, die vor allem institutionell ansetzt und nach dem Grund der Existenz bestimmter Regeln und Formen der Institutionalisierung fragt. Im Zentrum steht mithin die Frage, welche Eigenschaften des bundesdeutschen Sozialstaats aus einem solchen Blickwinkel heraus auffallen und mit welchen Erklärungsfaktoren die Entwicklung zur heutigen Ausprägung der bundesrepublikanischen Sozialstaatlichkeit begründet wird.

Denn die Existenz des *status quo* im deutschen Sozialstaat ist ja erklärungsbedürftig – schließlich könnte die Versorgung mit wohlfahrtsstaatlichen Leistungen auch anders organisiert sein. Das lehrt uns zumindest ein Blick in vergleichbare Staaten, wo wir – etwa in Europa Sozialstaatlichkeit auf andere Weise organisiert vorfinden. Blicken wir beispielsweise nach Großbritannien, dann existiert dort ein auf deutlich andere Art organisierter Sozialstaat, der dem Staat eine sehr viel umfassendere Rolle einräumt und in dem kirchlich orientierte Organisationen eine vergleichsweise vernachlässigbare Rolle spielen. In Deutschland gilt hingegen die bereits im 19. Jahrhundert angelegte Dualität von staatlicher Infrastruktur und wohlfahrtsverbandlichen Einrichtungen und Leistungen als konstitutives Markenzeichen.[1] Als Politikwissenschaftler fragt man nach den Gründen für diese unterschiedlichen Organisationsentscheidungen und sucht sie zuvörderst in historischen Interessenkonstellationen, auf die grundlegende Weichenstellungen zurückgeführt werden können. Um deren Stabilität bis in die heutige Zeit (oder auch substantielle Änderungen) erklären zu können, muss aber auch nach den Vor- und Nachteilen gefragt werden, die die etablierten Lösungen für die verschiedenen an politischen Entscheidungsprozessen beteiligten Akteure (sowohl im staatlichen wie im gesellschaftlichen Bereich) bringen.

Zu den historischen Wurzeln und Weichenstellungen hat Christiane Kuller in ihrem Beitrag bereits einiges ausgeführt. Ich will mich deshalb vor allem der Frage widmen, welche Strukturelemente für den bundesdeutschen Sozialstaat kennzeichnend sind und wie sich diese Strukturelemente in eine breitere Analyse der bundesdeutschen Staatlichkeit einbetten lassen. Zu diesem Zweck werde ich auf den analytischen Ansatz eines US-amerikanischen Deutschland-Kenners zurückgreifen, nämlich den des an der Cornell University lehrenden Politikwissenschaftlers

*Peter J. Katzenstein*, der in einem einflussreichen Buch aus den 1980er Jahren die Bundesrepublik Deutschland als einen „semisouveränen Staat" beschrieben hat. Katzensteins Analyse blickt auf das Verhältnis von Gesellschaft und Staat, in dem er in der Bundesrepublik – im Vergleich mit anderen, ähnlichen Staaten – Besonderheiten erblickt. Ich werde argumentieren, dass wir seinen analytischen Ansatz mit Gewinn für ein besseres Verständnis der Eigenheiten bundesdeutscher Wohlfahrtsstaatlichkeit einsetzen können; dass es für die Akteure im sozialstaatlichen Milieu eine interessante Erkenntnis ist, zu wissen, dass es sich hier um eine allgemeinere Charakteristik bundesdeutscher Staatlichkeit handelt und ich werde gegen Ende dann die Frage nach den Vor- und Nachteilen dieses Arrangements für den Staat stellen. Hier wird meine These sein, dass das Arrangement so lange stabil sein wird, wie es für den Staat mehr positive als negative Aspekte mit sich bringt.

## II. Diakonie: ein blinder Fleck in der wissenschaftlichen Analyse der bundesdeutschen Politik?

Die Diakonie ist ein Teil des Systems, mit dem in der Bundesrepublik wohlfahrtsstaatliche Leistungen erbracht werden. Deshalb ist zu Beginn eine kurze Einordnung notwendig, die anhand von Unterscheidungen die Besonderheiten und Charakteristika des deutschen Sozialstaats herausarbeiten soll.

Im internationalen Vergleich sticht der deutsche Sozialstaat vor allem durch die Kombination zweier Merkmale hervor: zum einen durch das *Dominieren beitragsfinanzierter Einkommensumverteilung* (anstelle direkter staatlicher Bereitstellung von sozialen Diensten) sowie durch die Betonung des *Subsidiaritätsprinzips*, also die Delegation zu erbringender öffentlicher Aufgaben an nichtstaatliche Träger (wiederum im Kontrast zu deren direkter Bereitstellung durch staatliche Träger).[2]

Diese Merkmale, das sei noch hinzugefügt, sind zudem über die Zeit von großer Stabilität. Das ist nicht selbstverständlich – die Bundesrepublik (oder genauer: Deutschland) weist ja in den letzten einhundert Jahren eine hohe Zahl von Regimewechseln, also grundsätzlichen Änderungen des politischen Systems, auf: vom Kaiserreich zur Weimarer Republik, von dieser zur nationalsozialistischen Diktatur, zum Besatzungsregime, schließlich zur Gründung zweier deutscher Staaten (einem demokratischen und einem sich sozialistisch nennenden, nicht demokratischen) und seit 1990 deren Vereinigung zu einem Staat durch Beitritt der DDR zur existierenden Bundesrepublik Deutschland – unter weitgehender Übernahme der Charakteristika und Institutionen der früheren westdeutschen Republik. Ist also auf der staatlichen Seite ein hohes Maß an *Wandel* und *Diskontinuität* zu konstatieren, so gilt auf der Ebene des Sozialstaates das genaue Gegenteil: ein *hohes Maß an Kontinuität fundamentaler Mechanismen, Institutionen und Verfahrensweisen*, und mithin ein erheblicher Kontrast zwischen der staatlichen und der sozialstaatlichen Ebene. Das bedeutet natürlich nicht, dass es gar keine Änderungen gegeben hat; aber die Stabilität der sozialstaatlichen Grundstrukturen durch alle politischen Systemveränderungen hindurch ist doch ein bemerkenswertes Faktum.

Blickt man auf die historischen Wurzeln des Sozialstaats in Deutschland, so reicht die heute noch existierende Dualität zwischen staatlicher Infrastruktur und der Leistungserbringung durch wohlfahrtsstaatsverbandliche Einrichtungen bis in das 19. Jahrhundert zurück. Das auch als „Wohlfahrtspluralismus" gekennzeichnete System[3] hat sich also früh entwickelt, was eine weitere Kontrastierung erlaubt, nämlich die von Deutschland als nationalstaatlichem Spätentwickler, der gleichzeitig als Sozialstaat eine Vorreiterrolle spielt. Konfliktstrukturen konfessioneller wie klassenbasierter Art aus dem 19. Jahrhundert prägen deshalb bis heute den deutschen Sozialstaat und lassen ihn mit seinen starken konfessionellen Wohlfahrtsverbänden im internationalen Vergleich eine Sonderstellung einnehmen.

Seine Grundstrukturen gehen auf konservative Initiativen aus der Bismarckzeit zurück[4] und integrierten zum Teil die vielfältigen, bereits aus der Zeit vor der Nationalstaatsgründung stammenden, Sozialfürsorge- und Versicherungseinrichtungen genossenschaftlicher, betrieblicher, kommunaler und kirchlicher Art in das neue System. Seine Hauptmerkmale haben bis heute Bestand: Adressat ist nicht das ganze Volk, sondern gesellschaftliche Teilgruppen (zunächst die Arbeiter, dann die Angestellten); Organisation geschieht als Pflichtversicherung mit starken Körperschaften öffentlichen Rechts; Finanzierung erfolgt im Wesentlichen durch Beiträge der Arbeitgeber und Arbeitnehmer und schließlich besteht organisatorische Vielfalt verschiedener Träger mit eigenem Mitsprache- und Selbstverwaltungsrecht.

Im Folgenden möchte ich mich vor allem auf den letzten Punkt, nämlich die zentrale Rolle für die verschiedenen nichtstaatlichen Träger, konzentrieren, unter die an führender Stelle die Diakonie fällt.

Die sechs Verbände, die sich in der „Bundesarbeitsgemeinschaft der Freien Wohlfahrtspflege" zusammengeschlossen haben, beeindrucken durch ihre Leistungsdaten. Nach den letzten verfügbaren Zahlen[5] betreiben sie bundesweit 105.295 Einrichtungen und Dienste mit insgesamt 3.702.245 Betten bzw. Plätzen. Sie beschäftigen zusammen 1.673.861 Mitarbeiterinnen und Mitarbeiter, davon 727.694 (das sind 43 Prozent) in Vollzeit und 946.167 (oder 57 Prozent) in Teilzeit. Gemeinsam betreiben diese Wohlfahrtsverbände in der Bundesrepublik 1.112 Krankenhäuser mit 190.047 Betten, von denen über drei Viertel (145.638) auf die allgemeinen Krankenhäuser entfallen. Der nach Zahl der Einrichtungen und Plätzen größte Arbeitsbereich der Freien Wohlfahrtspflege ist die Jugendhilfe. Hier stechen vor allem die Tageseinrichtungen für Kinder und Jugendliche hervor – 25.723 Kinderkrippen, Kindergärten und Horteinrichtungen, in denen täglich über 1,7 Mio. Kinder betreut werden.

Schon diese wenigen Überblicksdaten machen deutlich, dass es sich bei den Trägern der Freien Wohlfahrtspflege schon auf Grund ihrer schieren Größe um hochgradig relevante Akteure nicht nur im Bereich der Sozialpolitik, sondern auch auf dem Arbeitsmarkt und generell in der Wirtschaft handelt. Mit gemeinsam fast 1,1 Mio. Beschäftigten gehören Caritas (617.193) und Diakonie (464.828) in die absolute Spitzengruppe der Arbeitgeber in der Bundesrepublik.[6] Sie haben ihre Mitarbeiterzahlen in den letzten 50 Jahren jeweils mehr als verdreifacht – das Resultat von anhaltend starken Wachstumsraten ihrer Beschäftigungsverhältnisse über die Jahrzehnte.

Trotz dieser beeindruckenden Zahlen sind diese Akteure der Freien Wohlfahrtspflege in der wissenschaftlichen Literatur erstaunlich wenig präsent. Überblicksdarstellungen der Entwicklung des „religiösen Feldes“ in der Bundesrepublik[7] oder des Protestantismus[8] sparen die Entwicklung von Diakonie und Caritas aus und konzentrieren sich hauptsächlich auf ein Niedergangsnarrativ, in das eine gegenteilige Entwicklung nicht gut passen würde; religionssoziologische Überblicksdarstellungen wie das Sonderheft von Wolf und Koenig[9] lassen diese Akteure ebenfalls außen vor; und Ähnliches gilt für politikwissenschaftliche Darstellungen zu Religion und Politik, die stattdessen auf das Verhältnis zu Parteien, den Einfluss auf Wahlen oder Religion als Konfliktgrund in den internationalen Beziehungen fokussieren.[10] Die Wohlfahrtsstaats-Forscher schließlich blicken nur höchst selten auf diese Giganten, die riesige Unternehmensgruppen sind und große Summen bewegen – neben der älteren Studie von Fix und Fix[11] ist lediglich die aktuelle Untersuchung von Schroeder[12] eine Abweichung von diesem Trend; Staatstätigkeitsforscher schließlich betrachten vor allem genuin staatliche Akteure, wenn sie die Entwicklung des Sozialstaats erklären wollen. Die Studie von Manow[13] bildet hier die löbliche Ausnahme von der Regel.

Die Beschäftigung mit den Trägern der Freien Wohlfahrtspflege, so können wir also konstatieren, bildet in vielen Bereichen der wissenschaftlichen Literatur so etwas wie einen blinden Fleck. Das ist erstaunlich, leisten doch diese Akteure nicht nur einen wichtigen Beitrag zum Sozialstaat, sondern entlasten sie auch den Staat.

## III. Beitrag zum Gemeinwohl durch Entlastung des Staates

Der Staat existiert nach unserer Vorstellung in erheblichem Maß, um Dienstleistungen für seine Bürger zu erbringen und kollektive Güter (wie Rechtssicherheit, Schutz nach innen und außen etc.) bereitzustellen, die ihren Nutzen erhöhen. Das ist die klassische vertragstheoretische Begründung für seine Existenz. Gerade in der deutschen Tradition ist die Tätigkeit des Staates schon früh stark auf die Wohlfahrt der Bürger fokussiert – der kameralistische, vordemokratische Staat leitete seine Legitimität ja vor allem von der guten inneren Ordnung und der Wohlfahrt für alle ab, die er seinen Bürgern zuteilwerden ließ und die man im zeitgenössischem Wort von der *guten policey* zusammenfassen konnte.[14]

Im demokratischen Gemeinwesen erwarten die Bürger solche Leistungen heute mit großer Selbstverständlichkeit von ihrem Staat. Und sie haben, sollten die Leistungen nicht ihren Erwartungen entsprechen, das Sanktionsinstrument demokratischer Abstimmung bei Wahlen, d.h. der Verweigerung von Gefolgschaft bzw. die Abwahl der amtierenden Regierung. Was ich damit sagen möchte: Staatliche Leistungen zum Wohl der Bürger sind in der Demokratie für den Staat bzw. die Regierung auch immer mit einem Risiko für den Fall verknüpft, dass es bei der Bereitstellung der Güter zu Enttäuschungen kommt.

Wie Politiker bzw. wie Staaten solche Risiken handhaben, ist in der Politik- und Verwaltungswissenschaft in den letzten fünfzehn Jahren ausgiebig untersucht worden.[15] Schon früher ist der Soziologe Ulrich Beck mit seiner Diagnose der „Risikogesellschaft“[16] berühmt und einflussreich geworden, die Konzept und Empirie des Risikos zum zentralen Charakteristikum heutiger Gesellschaften erklärt. Problematisch aus der Perspektive der Politik ist dabei weniger das Risiko an sich, sondern die Frage, was als Scheitern definiert und perzipiert wird und – noch wichtiger – wem die Schuld dafür gegeben wird. Zudem ist eine Asymmetrie zu konstatieren: die Vermeidung von Schuld ist für politisch Handelnde zumeist wichtiger als das Reklamieren von Kredit im Fall des politischen Erfolges. Diese Präferenz für *blame avoidance* (also Schuldvermeidung) wird von Verwaltungsforschern mit Ergebnissen aus der Sozialpsychologie verbunden, denen zufolge Individuen Verlusten bzw. negativen Ergebnissen größeres Gewicht zumessen als Gewinnen.[17]

Auf diesen Annahmen und Erkenntnissen aufbauend, möchte ich nun argumentieren, dass die institutionelle Konstruktion des deutschen Sozialstaats starke Elemente aufweist, die den Staat entlasten. Eine zentrale Rolle spielen dabei die Träger der Freien Wohlfahrtspflege. Unter Rückgriff auf den bereits eingangs erwähnten analytischen Ansatz vom *semisouveränen Staat* möchte ich zudem zeigen, dass es sich hierbei um eine grundlegendere Eigenschaft bundesdeutscher Staatlichkeit handelt. Die spezifische Konstruktion im sozialstaatlichen Sektor ist also eher ein typischer Teil deutscher Staatlichkeit als eine Ausnahme.

Am leichtesten lassen sich die spezifischen Charakteristika der bundesdeutschen Situation verdeutlichen durch einen Kontrastfall. Dazu möchte ich ein Beispiel verwenden, dass einen sowohl in Bezug auf die generelle Staatlichkeit wie auf die Konstruktion des Sozialstaats maximal anderen Fall darstellt: ein Staat mit extrem hoher

Zentralisierung von Entscheidungsmacht, in dem zudem die Versorgung mit sozialstaatlichen Gütern in sehr hohem Maß in die direkte Verfügungs- und Entscheidungsgewalt des Staates gestellt ist.

Mein Beispiel ist Großbritannien – ein Staat, der in den politikwissenschaftlichen Klassifikationen als Paradefall von Zentralismus gilt und der (seit den Reformen nach Ende des Zweiten Weltkriegs) durch den Nationalen Gesundheitsdienst (National Health Service, NHS) die direkte Zuständigkeit für das gesamte Gesundheitssystem übernommen hat. Organisatorisch drückt sich das so aus, dass es einen britischen Gesundheitsminister gibt und die gesamte Finanzierung des Gesundheitswesens über den staatlichen Haushalt läuft. Für die Bewohner des Landes stehen die Dienstleistungen des *NHS* kostenlos zur Verfügung – „free at the point of use" ist die korrekte Formulierung, denn natürlich wird das gesamte System durch Steuerzahlungen und die Zahlung einer *National Insurance Contribution* finanziert.

Die Vorstellung bei der Konstruktion eines solches Systems war, dass es viele Vorteile mit sich bringen würde: Einheitliche Standards der Versorgung durch Zentralisierung der Vorschriften, klare und einheitliche Entscheidungen, Vermeidung von Doppelarbeit oder konkurrierenden Strukturen, dadurch vermutlich substantielle Einsparungen und somit eine verglichen mit dezentralisierteren Systemen größere ökonomische Effizienz – also relativ bessere Leistung zu relativ niedrigeren Kosten.

Hier ist nun nicht der Ort, eine umfassende Bewertung der Leistungsfähigkeit des *NHS* vorzunehmen. In der Tat gibt Großbritannien relativ zum Bruttoinlandsprodukt weniger Geld für sein Gesundheitssystem aus als z.B. die Bundesrepublik oder Frankreich (oder gar die USA). Blickt man als Leistungsindikator beispielsweise auf die durchschnittliche Lebenserwartung, dann gibt es keine großen Unterschiede zwischen Großbritannien und Deutschland; man könnte demnach argumentieren, dass das britische System in der Tat größere ökonomische Effizienz aufweist. Aber darum geht es bei meiner Betrachtung wie gesagt gar nicht.

Im Mittelpunkt steht ja die Frage nach Be- bzw. Entlastung des Staates und der Politik – und da schneidet Großbritannien in Bezug auf das Gesundheitssystem gar nicht gut ab, weil den zentralisierten Zuständigkeiten in der Perzeption der Bevölkerung eine ebenso zentralisierte Verantwortung entspricht. Und das bedeutet nichts anderes, als dass die Regierung im allgemeinen und der Gesundheitsminister im speziellen für alle Defizite, Fehler und Versäumnisse (ob tatsächlich oder nur angenommen) politisch in Haftung genommen wird. Jeder Skandal in einem lokalen Krankenhaus, jede Knappheit (sei es an Krankenhausbetten oder an Sprechstundenterminen für Fachärzte), jede Grippewelle – alles ist sofort ein politisches Thema, das in der Öffentlichkeit besprochen, von den Oppositionsparteien politisiert und von der Regierung bearbeitet werden muss.

Ich habe selbst viele Jahre in Großbritannien gelebt und dort aus erster Hand die regelmäßigen politischen Krisen, die ihren Ursprung im Gesundheitswesen hatten, miterlebt. Mit großer Regelmäßigkeit gab es im Winter eine „Grippekrise", die jeweils ähnliche Dynamiken hatte: Auf einen Anstieg der Zahl der Grippefälle folgend kam es zu Anschuldigungen der Opposition, die Regierung habe versagt und so der Bevölkerung Schaden zugefügt. Die

Regierung verteidigte sich darauf üblicherweise mit zwei Argumentationslinien: zum einen wurde behauptet, die aktuelle Grippewelle sei von besonders aggressiver Natur („die schlimmste seit soundsovielen Jahren"), zum anderen wurde mit Zahlen zu belegen versucht, dass man die selbst gesetzten Ziele an Fallbearbeitungen und Wartezeiten erfülle. Letzteres wurde gerne im Unterhaus vorgetragen, zu mehr oder minder großem Beifall der Regierungsfraktion. Das war üblicherweise das Stichwort für Funktionäre aus der Verwaltung des *NHS*, die sich dann mahnend vernehmen ließen, man habe bereits alle Effizienzreserven ausgeschöpft. Sollten Krisen wie die gegenwärtige in Zukunft vermieden werden, so seien zusätzliche Finanzmittel für den Nationalen Gesundheitsdienst unumgänglich. Vertreter der Ärzte und des Pflegepersonals nutzten die Gelegenheit dann üblicherweise, auf die Notwendigkeit von Lohnerhöhungen hinzuweisen, ohne die die Personalknappheit in ihrem Sektor nicht würde behoben werden können. Zeitungen und Fernsehsendungen wendeten die verschiedenen Standpunkte hin und her und unterlegten sie mit einer Unmenge von Zahlenmaterial über alle in der Diskussion angesprochenen Aspekte.[18] Mediengerechte Besuche von Politikern der Regierung wie der Opposition in besonders stark von der Krise betroffenen Krankenhäusern rundeten die Inszenierung ab und erlaubten diesen, sich geeignet in Szene zu setzen.

## IV. Die Funktion der Diakonie im „semisouveränen" Staat der Bundesrepublik

Wie anders die Situation in der Bundesrepublik ist, wissen Sie alle aus eigener Anschauung. Lassen Sie mich das nun anhand der Theorie des „semisouveränen Staates", die der deutsch-amerikanische Politikwissenschaftler Peter J. Katzenstein[19] in einem im Fach breit rezipierten Buch entwickelt hat, darstellen. Anhand einiger Beispiele aus der sonstigen Staatstätigkeit möchte ich dabei auch illustrieren, dass die Charakteristika im Bereich der Sozialpolitik keine Sonderstellung im deutschen Staatshandeln darstellen, sondern sich vielmehr gut einfügen in ein Profil des deutschen Staates, der viele ihm obliegenden Tätigkeiten in Kooperation mit gesellschaftlichen Akteuren zustande bringt. So ist denn auch der „semisouveräne Staat" aus Katzensteins Theorie nicht etwa bezogen auf die eingeschränkte *äußere* Souveränität der Bundesrepublik (die es ja vor der Vereinigung 1990 gab), sondern auf die Situation des Staates gegenüber der Gesellschaft. Dass diese Einschränkung auch Vorteile für den Staat bringt, ist vielleicht auf den ersten Blick nicht leicht einzusehen; ich hoffe, Ihnen das mit meinen Ausführungen jedoch überzeugend darlegen zu können.

Katzenstein sieht die Bundesrepublik charakterisiert durch einen Staat, in dem Macht zwischen einer Reihe von miteinander in Wettbewerb liegenden Institutionen verteilt ist, und einem privaten Sektor, in dem soziale Gruppen über ein hohes Maß an konzentrierter Macht verfügen. Er bringt das auf die Formel „decentralized state, centralized society" – wobei man im Deutschen vielleicht verständlicher den „dezentralisierten Staat" der „organisierten Gesellschaft" gegenüberstellt.

Auf der staatlichen Seite wird damit der „kooperative Föderalismus" in den Blick genommen, in dem die Akteure des Zentralstaats und der Länder auf Kooperation angewiesen sind, weil sie ihre Aufgaben nicht getrennt voneinander, sondern gemeinsam wahrnehmen (im Kontrast etwa zum US-amerikanischen Föderalismus mit seiner strikten Aufgabenteilung). Eine Tendenz zu Einstimmigkeit, vertraulichen Verhandlungen und Konsultationsarrangements informeller Art, die selten zu offener Politisierung zwischen den Beteiligten führen, sind die Folge.

Auf der Seite der Gesellschaft haben wir es hingegen mit einer Situation zu tun, in der sich Interessengruppen traditionell eher zusammenschließen, um gemeinsam mehr zu erreichen, als dass sie einander Konkurrenz machen. In der Fachsprache wird das mit „Korporatismus" bezeichnet – eine institutionelle Ordnung, die gekennzeichnet ist durch Zusammenschlüsse mit starken Spitzenverbänden auf nationaler Ebene, die ressourcenstark sind und somit wichtige Aufgaben bei der Beratung der Politik sowie in der Politikimplementation übernehmen können. Das Gegenmodell wäre das eines verbandlichen Pluralismus, in dem Interessenverbände vor allem um Mitglieder konkurrieren statt zu kooperieren. Hier sind Koordination und wirksame Hilfe bei der Umsetzung von Politik weitgehend ausgeschlossen.

Wie interagieren nun die beiden Seiten – der dezentrale Staat und die zentralisierte oder organisierte Gesellschaft – miteinander? Dies geschieht in der Katzenstein'schen Analyse in erheblichem Maße durch sogenannte „parastaatliche" oder „paraöffentliche" Institutionen. Diese (in englischer Sprache „parapublic" genannten) Institutionen verbinden Staat und Gesellschaft und bilden so Brücken zwischen öffentlichem und privatem Sektor. Dabei handelt es sich um eine breite und heterogene Klasse von Institutionen, die sowohl einzelne Institutionen umfasst (wie etwa die *Bundesbank*, den Sachverständigenrat zur Begutachtung der gesamtwirtschaftlichen Entwicklung [die sogenannten „Wirtschaftsweisen"], die Bundesagentur für Arbeit oder den Wissenschaftsrat) wie auch ganze Klassen von Institutionen (wie die Arbeitsgerichte, die Einrichtungen der Sozialversicherung oder eben private Wohlfahrtsorganisationen wie die Diakonie). Diese „parastaatlichen" Institutionen haben sehr unterschiedliche Organisationsformen; ihre größte Gemeinsamkeit ist, dass viele von ihnen als „Anstalten des öffentlichen Rechts" organisiert sind – was dazu führt, dass sie (insbesondere in angelsächsischen Ländern) als „staatliche Institutionen" missverstanden werden. Aus dieser Perspektive wird ihr Handeln oft als staatliches Handeln verstanden und damit (so möchte ich argumentieren) Größe und Steuerungsfähigkeit des deutschen Staates deutlich überschätzt.

Denn der Staat hat auf diese Institutionen nur einen indirekten Einfluss, obwohl sie oft wichtige Politikfunktionen erfüllen. Der Staat delegiert diese Politikfunktionen mithin an die „parastaatlichen" Institutionen, die sie in seinem Auftrag erfüllen. Aus der Sicht des politischen Systems betrachtet, übernehmen diese Institutionen damit nicht nur Aufgaben, sondern auch die Funktion als *Stoßdämpfer*, die das politische System gegen unerwünschte Schocks isolieren. Damit tragen sie zu dessen Stabilität bei.

Wenn Sie an die vorhin geschilderte Problematik des britischen Gesundheitssystems zurückdenken, dann wird aus dem Kontrast klar, was der positive Beitrag eines solchen Vorgehens ist: indem diese parastaatlichen Institutionen wichtige Politikaufgaben übernehmen, leisten sie einen Beitrag zum Schutz von Legitimität und Funktionsfähigkeit des politischen Systems. Denn dieses kann sich auf wichtige, gewissermaßen hochrangige und eher steuernde Aufgaben konzentrieren, muss sich weniger um Aufgaben der Umsetzung von Maßnahmen und der Bewältigung von dabei anfallenden Entscheidungen und Krisensituationen kümmern und kann mit mehr Distanz auf den Sachverhalt blicken.

Anhand von zwei Beispielen aus verschiedenen Politikbereichen will ich Ihnen illustrieren, dass diese Art des Vorgehens (gewissermaßen eines Regierens „auf Distanz") nicht auf den Bereich des Sozialstaats beschränkt ist, sondern ein generelles Charakteristikum bundesdeutscher Staatlichkeit darstellt.

Mein erstes Beispiel kommt aus einem Bereich, in dem ich länger selbst intensiv geforscht habe – der staatlichen Bankenaufsicht. Das ist ein sehr wichtiger Bereich der regulativen Politik, wie spätestens die Krise der Jahre 2008 ff. (nach der Pleite von Lehman Brothers) deutlich gemacht hat. Versagen kann hier ausgesprochen teuer werden und massive wirtschaftliche Folgen nach sich ziehen. Die institutionelle Umsetzung der Aufgabe, das Tun und Lassen von Banken zu beaufsichtigen, wird in verschiedenen Ländern auf ausgesprochen unterschiedliche Weise vorgenommen. Manche Länder beschäftigen dafür eine Vielzahl staatlicher Agenturen, andere haben die Aufgabe zentralisiert und stattdessen eine sehr große Behörde. Die

Besonderheit der bundesrepublikanischen Lösung besteht darin, dass es nur eine vergleichsweise kleine Behörde gibt und die Detailarbeit der Überwachung an die Spitzenverbände der drei Sektoren des deutschen Kreditwesens (also die privaten Geschäftsbanken, die Sparkassen und den genossenschaftlichen Sektor mit seinen Volks- und Raiffeisenbanken) delegiert wird. Die Kontrolle vor Ort, die Organisation der Beaufsichtigung, das Training der Aufseher – alles das übernehmen die Verbände. Der Staat stellt lediglich den regulativen Rahmen zur Verfügung und überprüft die ihm überbrachten Berichte auf Einhaltung der gesetzlichen Vorschriften. Er hat also weniger Aufwand, weniger Entscheidungen und weniger Konflikte als wenn er alles direkt regeln wollte – ein klarer Vorteil.

Das zweite Beispiel kommt aus der Bildungspolitik – genauer: dem Bereich der Begabtenförderung. Dass Hochbegabte durch finanzielle Stipendien und Angebote zur Weiterbildung besonders gefördert werden sollen, gibt es als öffentliche Aufgabe in den meisten Staaten Europas. Wieder aber sticht deren Organisation in der Bundesrepublik heraus, wenn man dies mit anderen Ländern vergleicht. Der Staat stellt das Geld zur Verfügung – aber die Umsetzung (von der Auswahl der Stipendiatinnen und Stipendiaten über die Verwaltung der Fördergelder bis zur inhaltlichen und organisatorischen Ausgestaltung der besonderen Fördermaßnahmen, d.h. Seminare und Sommerakademien) überlässt er Förderwerken, die von verschiedener Seite betrieben werden. Die Studienstiftung des deutschen Volkes, die Konrad-Adenauer-Stiftung oder das Evangelische Studienwerk Villigst – das sind Beispiele für Akteure, an die die Details der Umsetzung delegiert werden. Wieder entlastet sich der Staat auf diese

Weise von Detailarbeit. Aber wichtiger noch, er stellt so größere Vielfalt in seinem Angebot sicher, also bessere Passgüte mit den Präferenzen der Betroffenen. Und er ermöglicht eine dynamische Anpassung an Wandel bei der Nachfrage, also beispielsweise gesellschaftlichen Wandel in Richtung größerer Vielfalt. Gegenwärtig gibt es dreizehn große Förderungswerke, die in diesem Bereich tätig sind. In den letzten Jahren sind neben den lange Etablierten (also parteinahen Stiftungen, gewerkschafts- und arbeitgebernahen Stiftungen sowie denen der evangelischen und katholischen Kirche) neue Akteure in das Netzwerk[20] aufgenommen worden – etwa die Rosa-Luxemburg-Stiftung für die Linkspartei sowie Förderungswerke für jüdische und muslimische Studierende. Das sind drei Reaktionen auf Veränderungen in der bundesdeutschen Gesellschaft in den letzten 25 Jahren, nämlich der Anstieg der Zahl jüdischer und muslimischer Bürgerinnen und Bürger sowie eine Verbreiterung des Parteienspektrums. Aktuell haben wir ja einen weiteren Zugang bei den Parteien, die in den Deutschen Bundestag gewählt wurden – und so gibt es bald vielleicht eine weitere Stiftung, die den Zielen der AfD nahesteht und die dann das Spektrum der Begabtenförderung nochmals erweitert.

Damit habe ich, so hoffe ich, deutlich machen können, dass die Ihnen allen aus Ihrer Tätigkeit im sozialstaatlichen Bereich vertraute Situation kein Sonderfall, sondern in vielen Bereichen typisch ist für die Erledigung staatlicher Aufgaben in der Bundesrepublik Deutschland. Die Situation im sozialstaatlichen Bereich ist also nicht auf diesen beschränkt und dort etwa auf die Existenz für Deutschland spezifischer und konstitutiver konfessioneller Konflikte zurückzuführen; vielmehr handelt es sich bei diesem „Regieren auf Distanz“, in dem der Staat zwar finanzielle Mittel bereitstellt und Ziele definiert, Details der Politikumsetzung sowie die eigentliche Durchführung aber anderen Akteuren überlässt, um ein generelles Kennzeichen bundesdeutscher Staatlichkeit.

Welche Eigenschaften, welche Vor- und Nachteile bringt diese Form von „delegierter Staatlichkeit“ mit sich? Dazu möchte ich nun abschließend noch ein paar Überlegungen vortragen.

Die Entkoppelung (oder besser: nur lose Koppelung) zwischen dem staatlich-politischen Entscheidungssystem und der Politikausführung bedeutet im „delegierenden Staat“ *ceteris paribus* einen *Schutz vor raschen Kursänderungen*. Solche können nur vorgenommen werden, wenn eine Vielzahl von Akteuren „an Bord“ gebracht worden sind und wenn zu diesem Zweck mutmaßlich notwendige komplexe Aushandlungsprozesse erfolgreich absolviert worden sind. Um es mit einer anderen Formulierung zu illustrieren: „durchregieren“ können Sie in einem solchen System nicht.

Daraus folgt, dass Politikziele in einem solchen System eher auf *mittel- und langfristige Strategien* aufgebaut werden können, da kurzfristige Änderungen kaum zu befürchten sind. Damit besteht eine Chance, Politik kohärenter zu gestalten und besser abzustimmen, als das bei einem dynamischeren Änderungswahrscheinlichkeiten unterliegenden System der Fall ist.

Auch kann in einem höheren Maße *externe Expertise* in den Politikprozess einbezogen werden, also ein breiteres Spektrum an Wissen bei der Entscheidungsfindung berücksichtigt werden, als das bei einem ausschließlich im engeren politischen System angesiedelten Entscheidungsprozess möglich ist.

Für das politische System können die „parastaatlichen Institutionen" die Funktion von *Stoßdämpfern* übernehmen, indem sie Schocks abfedern und das System so vor Erschütterungen bewahren, die seine Legitimität untergraben können. Sie erzeugen so unzweifelhaften Nutzen für das politische System.

Bis jetzt habe ich mich vor allem auf der deskriptiven Ebene bewegt. Auf der normativen Ebene ist es schwieriger, da man dort zu unterschiedlichen Einschätzungen kommen kann. Sie möchte ich nun noch kurz zum Ende diskutieren.

## V. Schluss

Die beschriebene hohe Stabilität durch die Mechanismen des „delegierenden Staates" kann man sowohl positiv wie auch negativ bewerten – es kommt auf die eigenen Präferenzen an und die Ziele, die man zu erreichen sucht.

Wer als Kontrastfolie eine Situation oder ein Land hat, das durch permanente politische Kurswechsel systematisch suboptimale Politikergebnisse produziert hat, der wird die Stabilität positiv bewerten. Der britische Politikwissenschaftler und Deutschland-Spezialist *Gordon Smith*, der die Instabilitäten und permanenten politischen Kurswechsel seines Landes in den 1960er und 1970er Jahren erlebt und erlitten hatte, schätzte die Stabilität der bundesrepublikanischen Politik im Vergleich sehr hoch ein und sprach von den erwähnten Mechanismen als dem „*Effizienzgeheimnis*" der (damals noch west-) deutschen Politik.[21]

Wer hingegen als Ausgangspunkt den einer Krise sowie der erlebten oder empfundenen Blockade durch endlose Konsenssuche hat und deshalb hofft, durch radikalen Wandel alles anders und besser machen zu können, der wird ein solches System sehr kritisch sehen und seine Stabilität als *Trägheit* bezeichnen. Er wird vor allem auf die *eingeschränkte Steuerbarkeit* durch den Staat verweisen und diese bemängeln. Vor 15 Jahren war unser Land in einer solchen Situation – der „Reformstau" war eine weit verbreitete Diagnose. In Talkshows und Artikeln meldeten sich zahlreiche Beobachter zu Wort – von Wirtschaftsfunktionären wie Hans-Olaf Henkel bis zu Kulturkoryphäen wie Karl-Heinz Bohrer. Sie beschimpften den „Konsens-Staat" und erklärten ihn für unreif, da es im demokratischen Staat „keinen Konsens, sondern immer nur Differenz" geben könne.[22] Und sie wollten vom Föderalismus bis zum Parteiensystem alles radikal ändern. Freilich konnten und können die Anhänger dieser Position kein Beispiel nennen, in dem solch radikaler Wandel durchgeführt worden ist und zu positiven Ergebnissen geführt hat; deshalb sollte man ihre Aussagen mit Vorsicht behandeln. Denn in unseren hochkomplexen Gesellschaften sind radikale Veränderungen zumeist mit Entdifferenzierung und zweifelhaften Ergebnissen verbunden.

Zusammenfassend ist der „delegierende" Staat der Bundesrepublik bei genauerer Betrachtung keinesfalls als schwach zu bezeichnen. Er war als „semisouverän" bezeichnet worden, weil er seinen Willen der Gesellschaft nicht aufzwingen kann – und weil er, um effektiv Handeln zu können, auf Kooperationspartner aus der Gesellschaft angewiesen ist. Das aber macht ihn eben nicht zum *schwachen* Staat. Dieser Staat agiert vielmehr in einem Netzwerk mit einer Vielzahl von Akteuren; und im Verbund mit ihnen bzw. in der Kooperation mit diesen Partnern kann er erhebliche Stärke entwickeln.

Dieser Staat hat die *delegierenden Mechanismen* nicht aus einem Nutzenkalkül heraus bewusst entwickelt. Sie sind kontingent in historischen Situationen entstanden und haben sich durch ihre Funktionalität stabilisiert. Hinzu kam (in der Bundesrepublik) die Skepsis gegenüber dem „starken Staat“ des Dritten Reichs. Doch hoffe ich Ihnen überzeugend dargelegt zu haben, dass diese Mechanismen für den Staat eine Vielzahl von Vorteilen haben, die mittel- und langfristig die ebenfalls vorhandenen Nachteile zumindest kompensieren. Solange dies so bleibt, wird wohl auch den existierenden Politikmustern des „delegierenden Staates“ Stabilität und Weiterexistenz vorausgesagt werden können.

# Diakonie als gesellschaftliche Praxis des Öffentlichen Protestantismus

## Theologische Überlegungen zur Bedeutung der Diakonie für soziale Kohäsion

*Christian Albrecht*

Der christliche Glaube ist immer politisch. Schon im biblischen Zeugnis entfaltet er seine Kraft nur, weil er sich mit einer politischen Metaphorik verbindet. Begriffe wie Reich Gottes, Gerechtigkeit, Gnade lassen sich als religiöse Begriffe nur deuten und verstehen, weil sie an entsprechende Erfahrungen im Raum des Politischen anknüpfen können. Das Christentum ist von jeher nicht nur eine innerliche Glaubensgemeinschaft gewesen, sondern stets auch eine soziale Praxisgemeinschaft. Und das heißt konkret: Im Umgang mit dem Nächsten zeigt sich, was es bedeutet, den dreieinigen Gott als den Schöpfer, Versöhner und Erlöser der Welt zu bekennen. Das aus diesem Bekenntnis resultierende Menschenbild, die Vorstellungen von sozialer Gemeinschaft und die Zielvorstellungen menschengemäßen Lebens sind nicht nur Ideen, sondern dringen auf Umsetzung, in tätiger Nächstenliebe ebenso wie in der sozialen Anwaltschaft für die Schwachen. Die Diakonie hat einen erheblichen Anteil daran, dass diese christlichen Vorstellungen in den letzten eineinhalb Jahrhunderten gesellschaftlich handlungsleitend geworden sind. Natürlich gibt es auch andere, nicht-religiöse Begründungen für solche Bilder des Menschen, der Gesellschaft und des Lebens. Allerdings wird man schwer bestreiten können, dass die Kraft, sie gesellschaftlich und politisch breiter wirksam werden zu lassen, vor allem über religiöse Traditionen vermittelt und am Leben gehalten wird. Dafür steht die Diakonie wie kaum eine andere gesellschaftliche Kraft.

Die politischen Umbrüche der letzten ein bis zwei Jahre mit ihrer Öffnung hin zu vor kurzer Zeit noch als extrem angesehenen politischen Positionen zeigen die Diffusion und den Verlust von einstmals als selbstverständlich vorausgesetzten, gemeinsam geteilten Überzeugungen. Dieser Verlust vermeintlicher Selbstverständlichkeiten einer rechtsstaatlichen, demokratischen und sozialen Gesellschaftskultur, die unübersehbaren Aufweichungen solcher gemeinsam geteilter Überzeugungen bedeuten neue Herausforderungen. Auf zivilgesellschaftlicher Ebene dämmert die Einsicht, wie sehr das Zusammenleben in einer freiheitlichen Gesellschaft abhängig ist von gemeinsam geteilten Vorstellungen des Guten. Die für selbstverständlich gehaltenen Fundamente für das Zusammenleben in modernen, pluralen und freiheitlichen Gesellschaften sind, wie zunehmend deutlich wird, sehr viel stärker von dezidierten Wertungen und damit letztlich durch Fermente der überkommenen religiösen Ordnung geprägt, als dies von Vertretern liberaler Ordnungsmodelle bislang angenommen wurde. Denn schon die grundlegende Überzeugung der liberalen Modelle, nämlich die prinzipielle Gleichberechtigung aller Menschen, verdankt sich ja nicht einer empirischen Einsicht. Hier handelt es sich um eine normative Aussage, die nicht nur in ihrer Genese, sondern auch in ihrer Geltung eng mit der christlichen, womöglich sogar der evangelischen Tradition verbunden ist. Vor allem gilt das für die Realisierung dieser Überzeugungen in der alltäglichen gesellschaftlichen Praxis.

Die Herausforderung für die Diakonie besteht, dies ist meine Eingangsthese, zunächst einmal darin, dass ihr stärker zu Bewusstsein kommen muss, in wie starkem Maße sie *faktisch* daran beteiligt ist, dass solche religiös grundierten, gemeinsam geteilten Vorstellungen des Guten zivilgesellschaftlich präsent gehalten werden. Anders gesagt: In der Diakonie als einer christlichen Praxisform kommen Einstellungsmuster, die den gesellschaftlichen Zusammenhalt stärken, zum Ausdruck, ohne dass das als solches artikuliert wird oder als solches immer gewusst wird. Der Diakonie kommt im Blick auf die gesellschaftliche Integration eine erhebliche Bedeutung zu – das sollte ihr Selbstbewusstsein stärken, aber auch das Bewusstsein ihrer gesellschaftlichen Verantwortung. Man darf die symbolische Präsenz der in den diakonischen Handlungsformen implizit mitgeführten und implizit verstandenen Überzeugungen nicht unterschätzen. Sie sind jedenfalls durch die diakonische Praxis gesellschaftlich stärker präsent als durch die verbalen Beschwörungen in den öffentlich-theologischen Verlautbarungen der Kirchenleitungen.

Aus dieser Eingangsthese folgen drei unterschiedlich ausführliche Teile meines Beitrags. In einem ersten, sehr kurzen Abschnitt will ich knapp an einige innerdiakonische Überlegungen zur Präsenz ihrer gesellschaftlich integrativen Funktionen hinweisen. In einem zweiten, etwas ausführlicheren Abschnitt will ich dann an die integrative Rolle der gesellschaftspolitischen Diakonie erinnern. Meine eigentliche Aufmerksamkeit gilt aber dem dritten Punkt: wie kann man diejenigen gesellschaftlich integrativen Einstellungsmuster ausformulieren, die die Diakonie in ihren alltäglichen Praxisformen faktisch und implizit präsent hält, wie ich eingangs thetisch behauptet hatte?

## I. Die zivilgesellschaftliche Bedeutung der Diakonie im Spiegel ihrer Selbstreflexion

Ich beginne mit kurzen Hinweisen auf innerdiakonische Überlegungen. Es ist nicht so, dass das Bewusstsein von der zivilgesellschaftlich integrativen Bedeutung der Diakonie völlig fehlen würde. Man findet es hin und wieder angesprochen, allerdings meistens in formelhaften, summarischen Selbstbeschreibungen. So warb ein Positionspapier des Diakonischen Werkes Bayern zum freiwilligen Engagement in der bayerischen Diakonie aus dem Jahr 2008 darum, dass die Diakonie sich „als zivilgesellschaftlichen Akteur verstehen" möge: Sie versteht sich als „‚verlängerter Arm der Kirche in die Gesellschaft hinein'. Damit verbunden ist auch ihre Rolle als zivilgesellschaftlicher Akteur und Förderer zivilgesellschaftlicher Werte, Haltungen und Potentiale. Die Förderung eines lebendigen demokratischen Gemeinwesens gilt uns als Grundlage gegen Machtmissbrauch und autoritäre Strukturen."[1] Und in den vom Diakonischen Werk der EKD zum Wichern-Jubiläum 2008 verfassten Leitsätzen lautet eine prägnante Zusammenfassung: „An Wichern erinnern heißt für uns heute: Diakonie engagiert sich zivilgesellschaftlich."[2]

Unklar bleibt aber, wie diese rund zehn Jahre alten Selbstaufforderungen ihre Konkretion finden sollen. Sucht man dort, wo die Semantik des Gemeinwohls oder der Orientierung am Gemeinwesen aufgenommen wird, wird man in die Irre geführt. Zwei Beispiele greife ich heraus.

Zum einen gibt es eine recht junge, aber breite innerdiakonische Debatte um die sogenannte Gemeinwohl-Ökonomie. Hier ist die Frage nach gesellschaftlich verantwortungsvollem Wirtschaften diakonischer Unternehmen leitend, in dem die ökonomische Ausrichtung nicht nur an den Eigeninteressen des diakonischen Unternehmens erfolgt oder an den unmittelbaren Bedürfnissen der Klienten und Klientinnen der Diakonie, sondern an den Interessen aller, die mit dem Unternehmen in mehr oder weniger direkter Verbindung stehen. Gemeint ist damit nicht weniger, aber auch nicht mehr als eine bestimmte Spielart der Unternehmensethik diakonischer Unternehmen. In den letzten drei Jahren hat es dazu eine ganze Reihe von innerdiakonischen Fachtagungen und Konsultationen gegeben,[3] ein Vorreiter auf diesem Feld ist die Herzogsägmühle, die ihr sozialunternehmerisches Wirken seit einigen Jahren komplett an diesem Paradigma ausrichtet.[4]

Zum anderen gibt es seit circa zehn Jahren die Bewegung der Gemeinwesendiakonie. Hier ist gemeint eine Gestalt diakonischer Arbeit, die von diakonischen Einrichtungen oder Unternehmen in der Kooperation mit weiteren, nichtdiakonischen Akteuren getragen wird, und zwar als echte Kooperation, nicht nur als Möglichkeit zur

Teilnahme Dritter.[5] Als diakoniepolitische Strategie wird sie inzwischen manchmal auch abgekürzt als „Wichern III“[6] bezeichnet.

Allerdings wird man diese beiden Formen, in denen derzeit die Ausrichtung konkreter diakonischer Aktivitäten auf ein breiteres gesellschaftliches Ganzes am prominentesten sichtbar wird, eher für die Versuche der Wahrnehmung einer unternehmerischen Sozialverantwortung halten müssen. Wie auch immer man sie im Einzelnen bewertet – über die Funktionen der Diakonie für das Gemeinwohl oder für das Gemeinwesen ist damit nicht viel ausgesagt.

Denn mit der Orientierung am Gemeinwohl ist mehr gemeint. Vor weiteren Überlegungen muss an dieser Stelle ein kurzer Gedanke zu Begriff und Idee des Gemeinwohls stehen. Dieser sehr dehnbare und funktionale Begriff, der die Bedeutung sozialmoralischer Ressourcen für die Politik hervorheben soll, auf die Bindung politischen Handelns am allgemeinen Nutzen abstellt[7] und damit „die Maxime eines auf politische ‚Gemeinschaft‘ bezogenen Handelns“[8] meint, wird gegenwärtig in erster Linie diskutiert als Begriff der Politischen Philosophie und Sozialphilosophie. Alle Inanspruchnahmen des Gemeinwohlgedankens stehen vor dem Problem, dass einerseits jede inhaltliche Bestimmung des Gemeinwohls sich dem Verdacht einer künstlichen und autoritären Festschreibung aussetzt, dass aber andererseits Paradigmen der gesellschaftlichen Kohäsion nicht naturwüchsig entstehen, sondern im Diskurs artikuliert und in Praktiken gewonnen werden müssen. Dazu möchte die unten im dritten Abschnitt vorzutragende Ausbuchstabierung gesellschaftlich integrativer Einstellungsmuster, die die Diakonie in ihren alltäglichen Praxisformen präsent hält, einen Beitrag leisten.

## II. Die integrative Funktion der gesellschaftspolitischen Diakonie

Doch zuvor gehe ich zum zweiten Punkt über und frage nach der integrativen Funktion der gesellschaftspolitischen Diakonie. Bekanntlich kennt die Diakonie in Deutschland drei Grundformen ihres Wirkens – die schwach institutionalisierten, lokalen Hilfsangebote der Gemeindediakonie, die Angebote der diakonischen Sozialunternehmen in der Einrichtungsdiakonie und die zahlreichen Organisationen und Verbände, die auf verschiedenen kirchlichen und politischen Ebenen agieren und sich dort für die Bedürfnisse der diakonischen Klientel einsetzen, die sogenannte gesellschaftspolitische, sozialpolitische oder auch anwaltschaftliche Diakonie. Sie meint die Ausweitung der rein caritativen Tätigkeit zu einem sozialen und politischen Handeln. Eugen Gerstenmaier hat diese Aufgabe der Diakonie 1948 zunächst als „öffentliche Diakonie"[9] bezeichnet, später als „Wichern zwei"[10] und sie als „öffentliches Korrektiv zur staatlichen Sozialpolitik"[11] aufgefasst. Alfred Jäger unterschied 1986 zwei Formen der Wahrnehmung dieser kritischen Funktion, nämlich das „Feuerwehr-Modell" und das „Brandverhütungsmodell".[12] Bald aber ist gesehen worden, dass die Diakonie ihre kritische Funktion konstruktiv nur in der „Orientierung am bonum commune (Gemeinwohl)"[13] vornimmt oder, um es in anderer Sprache zu sagen, im Appell an „ein Recht, das [...] im Zeichen des Reiches Gottes steht“[14]. Einer solchen Auffassung der gesellschaftspolitischen Diakonie zufolge besteht deren Effekt dann darin, dass sie, wie Jürgen Schmude vor zwanzig Jahren formulierte, einen positiven Beitrag zur gesellschaftlichen „Gemeinschaftsfähigkeit und -bereitschaft“ leistet: „Wer könnte ein besserer Sozialanwalt für die in ihren Lebensleistungen und ihrem politischen Einfluß Schwächsten sein als die Diakonie […]. Ich bin dankbar dafür, dass […] das Diakonische Werk immer wieder laut und deutlich auf Notstände hinweist und unvertretbaren Verschlechterungen frühzeitig, sachkundig und deutlich widerspricht. Da konnte schon manches abgewendet werden.“[15]

Damit ist ein verändertes Verständnis gesellschaftspolitischer Diakonie formuliert, dem zufolge diese weder als außerhalb der Gesellschaft stehende, kritische Gegenorganisation gesehen wird noch als staatshöriges, systemstabilisierendes Schmiermittel. Vielmehr hat sie gerade im Lobbyismus für diejenigen, die selbst ihre Stimme nicht erheben können, die wichtige, kritisch-konstruktive Funktion, gesellschaftliche Spannungen abzumildern und dem Zusammenhalt zu dienen. Für die Umsetzung dieses Anspruches sind drei Aspekte wichtig. Erstens wird die gesellschaftspolitische Diakonie in dem Sinne politisch, dass sie sich in die Verfahren politischer Entscheidungsfindung einbringt. Sie weicht den Funktionslogiken des politischen Systems nicht aus, sondern akzeptiert diese. Zweitens nimmt die gesellschaftspolitische Diakonie Nöte und Bedrängnisse aller Menschen in den Blick, ohne Begrenzungen durch kirchliche, konfessionelle oder weltanschauliche Zugehörigkeiten. Diese beiden Aspekte führen drittens dazu, dass die gesellschaftspolitische Diakonie eine öffentliche Verantwortung wahrnimmt, die über reine Klientelpolitik ebenso hinausgeht wie über die im prophetischen Gestus vorgetragene Kritik der Verhältnisse.

Dieses Profil der gesellschaftspolitischen Diakonie wird gegenwärtig wieder als „öffentliche Diakonie“[16] bezeichnet. Ich übergehe hier die Versuche, dieses Profil der gesellschaftspolitischen Diakonie in das Programm einer Öffentlichen Theologie einzuzeichnen, also jener gegenwärtig insbesondere in der Leitung der EKD favorisierten Form des Bemühens, die Orientierungskräfte des Christentums in den ethisch relevanten politischen Debatten zur Geltung zu bringen. Denn mir geht es im vorliegenden Zusammenhang nicht um Übereinstimmungen und Unterschiede,[17] sondern um etwas anderes: Das beschriebene politische Engagement der gesellschaftspolitischen Diakonie ist zweifellos ein wichtiger Faktor der zivilgesellschaftlichen Bedeutung der Diakonie. Sie ist eine Dienstleistung der Diakonie für die Gesellschaft, die deswegen von Bedeutung ist, weil sie zuverlässig eine gesamtgesellschaftliche Rücksichtnahme auf die Bedürfnisse der Schwachen und Armen einfordert. Sie leistet damit einen wichtigen Beitrag zum Zusammenhalt der Gesellschaft und beugt gesellschaftlichen Spaltungen und Polarisierungen vor. Aber, und darauf kommt es mir hier an: das ist beileibe nicht alles, was man über die Bedeutung der Diakonie für das Gemeinwohl sagen kann. Mindestens ebenso wichtig ist das, was über das konkrete Handeln hinausgeht und symbolisch präsent ist. Im etwas ausführlicheren dritten Abschnitt widme ich mich daher der Frage, welche christlichen Überzeugungen die Diakonie in all ihren Erscheinungsformen öffentlich präsent hält.

## III. Die Bedeutung der Diakonie für die öffentliche Präsenz christlicher Einstellungsmuster

In diesem Abschnitt geht es daher nicht mehr um aktiven Lobbyismus, auch nicht um das tatkräftige Handeln der gemeindlichen oder unternehmerischen Diakonie, sondern um die in ihrer Wirksamkeit kaum messbare, aber sehr ausdrucksstarke Präsenz von christlichen Einstellungsmustern in der Gesellschaft, wie sie durch die Diakonie repräsentiert wird. Die in die Gesellschaft hineinwirkende, soziale und sozial integrierende Dimension der Diakonie erschöpft sich nicht in messbaren Wirkungen, sondern besteht darüber hinaus auch in der Präsenthaltung von christlichen Einstellungsmustern, von gesellschaftlich relevanten Überzeugungen des Glaubens.

Vermutlich garantiert, dieser Seitengedanke sei erlaubt, die Diakonie diese gesellschaftlich integrierende Präsenz des Glaubens inzwischen mindestens ebenso stark wie die Kirche. Vom gesellschaftlichen Bedeutungsverlust, den die Kirchen und ihr Anspruch auf öffentliches Gehör in den vergangenen Jahrzehnten erleben mussten, ist die Diakonie deutlich weniger stark erfasst. „Diakonie wird nach wie vor als öffentlich gelebter Glaube verstanden, als öffentlich gelebtes Christentum, ja als Kirche in der Öffentlichkeit.“[18] Die Diakonie ist immer weitergehend zum genuinen Repräsentationsort des (evangelisch) Christlichen in der Gesellschaft geworden, mehr und mehr zum Ort der (evangelischen) Kirche in der Gesellschaft. Diakonie ist zum zentralen Modus der Präsenz der Kirche in der Öffentlichkeit geworden.

Damit eng verbunden ist, dass die Diakonie in der öffentlichen Wahrnehmung immer mehr als evangelische Akteurin in der Zivilgesellschaft wahrgenommen wird – als Akteurin, der man das Mandat zur öffentlichen Wirksamkeit leichter zugesteht als der Kirche. Vor allem aber wird der Diakonie eher als der Kirche zugutegehalten, dass sie die zentralen christlichen Überzeugungen nicht mit dem mehr oder weniger heimlichen Ziel einer moralischen Normierung der Gesellschaft vorbringt. Ihr wird zugestanden, dass sie den christlichen Glauben als gesellschaftlich integratives Moment ins Bewusstsein ruft.

So sehr das abstrakt richtig sein mag, so wenig selbstverständlich ist es im Einzelnen und inhaltlich, was da eigentlich als integratives Moment präsent gehalten wird. Und es scheint mir eine reizvolle Aufgabe zu sein, einmal den Versuch zu unternehmen, das etwas konkreter auszubuchstabieren. Zwar lässt sich das nur als individuelles Interpretationsangebot formulieren und in dem Bewusstsein, dass solchen Interpretationen stets etwas Subjektives und Vorläufiges anhaftet. Aber es scheint mir doch reizvoll und vor allem nötig zu sein, solche Interpretationen zu liefern, wenn man deutlicher machen will, in welcher Weise die Diakonie gesellschaftlich integrierende Funktionen hat dadurch, dass sie in all ihren sichtbaren Handlungsformen implizit evangelische Einstellungsmuster präsent hält. Darin liegt eine nicht zu unterschätzende Bedeutung der Diakonie als sozialer Praxis des Öffentlichen Protestantismus.

Ich gehe aus von der Beobachtung, dass die modernen, menschenrechtsbasierten westlichen Demokratien und insbesondere die sozialstaatliche Verfasstheit der Bundesrepublik aus der keineswegs selbstverständlichen Voraussetzung leben, dass allen Menschen gleiche Rechte zukommen, und zwar unabhängig von ihrer physischen, psychischen, ökonomischen oder sozialen Leistungsfähigkeit, unabhängig von ihrer Herkunft, ihrem Geschlecht und ihrer sexuellen Orientierung. Diese Voraussetzung ist eng mit der christlichen Botschaft verbunden. Sie wird zweifellos auch getragen von Angehörigen anderer weltanschaulicher Orientierungen, aber ihre Entstehung und praktische Umsetzung ist eng verbunden mit der christlichen Vorstellung von der Schöpfung, der Versöhnung und der Erlösung, mithin mit dem Kern des Evangeliums. Und darum lassen sich die Konsequenzen dieser Voraussetzung von der Gleichberechtigung aller Menschen in der Aufnahme der drei Artikel des Credos und der in ihm festgehaltenen Trias des Glaubens an Gott den Schöpfer, an Jesus Christus als den Versöhner und den Heiligen Geist als den Erlöser der Welt ausbuchstabieren.[19] Unter Aufnahme dieser drei Perspektiven will ich einleitend drei anschließend zu erläuternde Grundsätze formulieren, die in aller Praxis der Diakonie faktisch und implizit präsent gehalten werden. Denn, so die Grundsätze, eine jede Praxis der Diakonie kultiviert stets das Bewusstsein von der Aufgabe, (1) die Würde des Menschen zu respektieren als Konsequenz aus dem Glauben an Gott den Schöpfer; (2) die Gemeinschaft der Verschiedenen zu ermöglichen als Konsequenz aus dem Glauben an Gott den Versöhner; (3) die Entwicklungsfähigkeit menschlichen Lebens zu gewährleisten als Konsequenz aus dem Glauben an Gott den Erlöser. Wo und wie auch immer die Diakonie als christliche Praxisform sichtbar wird, werden diese Grundsätze implizit, aber faktisch präsent gehalten. Das soll nun der Reihe nach erläutert werden.

1) Jede diakonische Handlung lässt etwas erkennen von dem Anspruch, die Würde des Menschen zu respektieren als Konsequenz aus dem Glauben an Gott den Schöpfer. Zwar ist der Begriff der Menschenwürde, den ich hier benutze, in der evangelischen Theologie erst relativ spät positiv aufgenommen worden, nämlich erst zweiten Hälfte des 20. Jahrhunderts. Lange wurde der Gedanke einer in der Gottebenbildlichkeit begründeten Menschenwürde durch die dogmatische Lehrtradition vom Verlust dieser Gottebenbildlichkeit durch die Sünde überlagert. Inzwischen ist der Begriff der Menschenwürde aber innertheologisch zur griffigen und symbolischen Chiffre für dasjenige geworden, was der Theologe Adolf von Harnack vor 120 Jahren den „unendlichen Wert der Menschenseele" nannte.[20] Aufgerufen wird damit zum einen der Gedanke der Individualität, der Einzigartigkeit eines jeden Menschen. Singularität und Unverwechselbarkeit begründen den Wert eines jeden einzelnen Menschen. Zum anderen wird daran erinnert, dass ein jeder Mensch als Geschöpf Gottes mehr ist als das, was man von ihm sehen kann: mehr als das, was man in den Formen und Ausdrucksgestalten seines Daseins sehen kann; mehr als das, was man auf der Oberfläche seines Lebens und seiner Lebensführung sehen kann; mehr als das, was man in seinem Können oder Nichtkönnen sehen kann. Der unendliche Wert eines jeden einzelnen Menschen steht fest vor allen menschlichen Beurteilungen über das Gelungene oder Misslungene seines Lebens. Zwar ist der Menschenwürdegedanke damit nur bedingt geeignet als Argument in ethischen Debatten.[21] Er fasst aber gut zusammen die christliche Vorstellung vom Menschen, der von Gott geschaffen ist und dem *als Ganzem* Gottebenbildlichkeit zukommt, nicht

nur einzelnen seiner Wesensmerkmale. Und er fasst gut zusammen den Zentralgedanken der Rechtfertigung, dem zufolge die Würde dem Menschen nicht schon von Natur aus zukommt, sondern allein durch die Zuwendung Gottes, die den Menschen zu dem macht, was er aus eigener Kraft nicht sein kann.

Aus diesem Postulat des unendlichen Wertes eines jeden einzelnen Menschen folgt die christliche Überzeugung, dass das Leben eines jeden Menschen auch und gerade in seiner Unvollkommenheit zu schützen ist. Es begründet den Respekt vor dem brüchigen und fragilen, dem gefährdeten und ausgelieferten, dem abhängigen und nur bedingt autonomen Leben. Es gibt schlechterdings keine Praxisform der Diakonie, die sich nicht diesem Postulat vom unendlichen Wert eines jeden einzelnen Menschen verdankte und der Überzeugung, dass dessen unvollkommenes Leben schützenswert ist – auch dann und auch dort, wo das nicht explizit ausgedrückt wird. Und dass die Hochachtung vor dem unverlierbaren Wert des einzelnen Menschen tief in unser kulturelles, gesellschaftliches und politisches Bewusstsein eingesenkt ist, auch und gerade unter dem Begriff der Menschenwürde, der so etwas wie ein „säkularsakraler Hoheitstitel" (Martin Laube) geworden ist, das zeigt, wie eng dieses Bewusstsein mit der christlichen Botschaft verbunden ist – auch dort, wo das als solches nicht gewusst oder nicht jedes Mal artikuliert wird. Die gesellschaftliche Bedeutung der Diakonie besteht nicht zuletzt darin, dass sie dieses säkular allgemein gewordene Bewusstsein von der Würde eines jeden einzelnen Menschen, vom unendlichen Wert einer jeden Menschenseele in jeder Praxisform in Erinnerung ruft und zum Ausdruck bringt, und zwar im Kontext seiner ursprünglichen, mit dem Christentum verflochtenen Entstehungsgeschichte. Darum kann man sagen: der Beitrag der Diakonie zum Gemeinwohl besteht nicht zuletzt darin, dass sie in ihrer Praxis stets und überall an einen Grundsatz erinnert, der faktisch zu einer Leitidee unserer Gesellschaft geworden ist, zu einer gemeinsam geteilten Vorstellung des Guten. Und in Zeiten, in denen die Einsicht in die Notwendigkeit und in die Präsenthaltung solcher gemeinsam geteilten Vorstellungen des Guten wächst, weil die zentrifugalen Kräfte zunehmen, ist die Bedeutung einer solchen symbolischen Bereitstellung nicht hoch genug zu veranschlagen.

2) Jede diakonische Handlung lässt etwas erkennen von dem Anspruch, die Gemeinschaft der Verschiedenen zu ermöglichen als Konsequenz aus dem Glauben an Gott den Versöhner. In Gemeinschaft zu sein und in Gemeinschaft zu leben, ist eine konstitutive Idee des Christentums, auch des evangelischen Christentums, dem die Individualität des Einzelnen eine besondere Herzensangelegenheit ist. Allerdings besteht diese Gemeinschaft im Christentum und insbesondere im evangelischen Christentum niemals als eine uniforme Gemeinschaft, sondern im Gegenteil: stets nur als Gemeinschaft der Individuen – als eine Gemeinschaft der Individuen, die sich in der Gemeinschaft des sie in aller Individualität Verbindenden gewiss werden. Gemeinschaft ist im Christentum immer eine Gemeinschaft der Verschiedenen, die gerade in ihrer Verschiedenheit zusammengehören. Eben diese subtile Zusammenordnung von Individualität und Gemeinschaft wird auch in allen Praxisformen der Diakonie zum Ausdruck gebracht. Alles soziale Hilfehandeln des Christentums gilt in letzter Konsequenz dem Einzelnen,

der Steigerung seiner individuellen Lebensfähigkeit. Aber alle diese Handlungen werden immer ausgeübt aus einer Gemeinschaft der Handelnden heraus und sie gelten dem einzelnen Bedürftigen, insofern er in verschiedenen Gemeinschaftsbezügen gesehen wird. Diese Gemeinschaften der Handelnden und der Bedürftigen sind zwar natürlich nicht in jeder einzelnen Handlung physisch sichtbar, aber sie sind gedanklich präsent. Ich nenne nur vier solcher im Hintergrund stets präsenter Gemeinschaften:

Zunächst einmal steht jeder einzelne Bedürftige in einer Gemeinschaft der Bedürftigen. Gemeint ist nicht so sehr die Gemeinschaft der Bedürftigen in einer Einrichtung, sondern gemeint ist vielmehr, dass Bedürftigkeit als überindividuelles Strukturmerkmal des Menschseins gilt. Wer bedürftig ist, fällt nicht aus der Norm des Menschseins heraus und bildete damit eine bedauernswerte Ausnahme von der Regel, sondern er bringt etwas zum Ausdruck, was für alle Menschen gilt, nämlich: Angewiesenheit auf Hilfe. Der einzelne Bedürftige steht damit in der Gemeinschaft all derer, die – sei es aktuell, sei es potentiell – der Hilfe bedürftig sind.

Sodann stehen die Mitarbeiter und Mitarbeiterinnen in diakonischen Einrichtungen, und seien sie noch so klein, in der Gemeinschaft der Mitarbeitenden untereinander. Der theologische Schlüsselbegriff hierfür ist bekanntlich derjenige der Dienstgemeinschaft. Er weist zum einen auf den schlichten und höchst realen Sachverhalt hin, dass das soziale Hilfehandeln der Diakonie nur in gemeinschaftlicher und geteilter Anstrengung vieler, in Arbeitsgemeinschaften, geleistet werden kann. Zum anderen erinnert der Begriff der Dienstgemeinschaft daran, dass die in der Diakonie Arbeitenden idealiter durch mehr zusammengeschlossen sind als durch eine zufällige Zusammenarbeit. Vielmehr haben sie ihre darüber hinausgehende Gemeinsamkeit darin, dass sie sich – auf freilich individuell bestimmte Weise – mit den Gründen identifizieren, die zur Existenz der Diakonie geführt haben.[22]

Des Weiteren bilden die diakonischen Einrichtungen jeweils, wie groß oder wie klein auch immer sie seien, jeweils Gemeinschaften, die aus Helfenden und Bedürftigen bestehen. Sie sind jeweils Einheiten, in denen Unterstützungsbedürftigkeit und Unterstützungsfähigkeit in den Zusammenhang gebracht werden.

Und schließlich stehen die diakonischen Einrichtungen selbst in ihrer Arbeit zunehmend in der Gemeinschaft mit Kooperationspartnern aus der freien Wohlfahrtspflege, die anderen weltanschaulichen Grundierungen folgen. Hier zeigen sich Vernetzungen, die aus der Logik der Sache, aus der Logik der Nachbarschaft oder aus der Logik des gemeinsamen Interesses ergeben. Sie führen zur Zusammenarbeit und zur Zusammengehörigkeit von diakonischen Einrichtungen mit nicht-christlich oder nicht-kirchlich motivierten Anbietern und Einrichtungen.

Die Pointe dieser ganz unterschiedlichen, gemeinschaftlichen Zusammenhänge, in denen das diakonische Handeln immer steht, liegt darin, dass all diese Gemeinschaften auf je eigene Weise Gemeinschaften der Verschiedenen sind. Keine der genannten Gemeinschaften ist in irgendeiner Weise uniform, sondern im Gegenteil ist jede in sich höchst plural verfasst. Sie alle bestehen nicht anders denn als Gemeinschaft in Verschiedenheit. Ich will das in kurzen Stichworten erläutern:

Zunächst, die Gemeinschaft der Bedürftigen besteht nicht anders denn als Gemeinschaft derer, die unterschiedlich bedürftig sind. Es brauchen nicht alle das Gleiche – und man kann nicht von allen das Gleiche verlangen.

Sodann, die Gemeinschaft der Mitarbeiter und Mitarbeiterinnen ist so angelegt, dass sie als Mitglieder der Dienstgemeinschaft in geistlicher Hinsicht gleichwertig und gleichberechtigt sind, in organisatorischer und funktionaler Hinsicht aber durchaus unterschiedliche Aufgaben, Kompetenzen, Rechte und Interessen haben können. Gerade weil diese personale Gleichwertigkeit und Gleichberechtigung vorausgesetzt wird, können antagonistische, auch strukturell konfliktgenerierende Bedürfnisse und Interessen, die die Mitarbeitenden im Blick auf ihre Betätigungen in der Einrichtung und für die gemeinsame Arbeit haben, realistisch und sachlich in den Blick genommen werden.

Des Weiteren ist die einzelne diakonische Einrichtung eine Gemeinschaft von Hilfsbedürftigen und Hilfsbereiten. Als solche Gemeinschaften sind sie dadurch gekennzeichnet, dass in ihnen ganz unterschiedliche Fähigkeiten und Bedürfnisse in einen gemeinsamen Kontext gestellt werden.

Und schließlich bestehen die Kooperationen von diakonischen und nichtdiakonischen Anbietern auf dem Sozialmarkt als Gemeinschaftsprojekte von Akteuren, die auf höchst unterschiedlichen weltanschaulichen Grundlagen stehen und zusammen arbeiten.

Der kurze Überblick macht deutlich: wo auch immer man in der diakonischen Praxis unterschiedliche Formen der Gemeinschaft identifiziert, stets ist strukturell angelegte, unaufgebbare Pluralität ein fundamentales Kennzeichen all dieser Gemeinschaften. Das Bewusstsein der Zusammengehörigkeit wird gepflegt im Bewusstsein der Verschiedenheit und der Notwendigkeit, diese Verschiedenheit zu moderieren. Um es mit einem Ausdruck aus einem anderen Kontext zu sagen: in den in der Diakonie realisierten Formen der Gemeinschaft kommt stets versöhnte Verschiedenheit zum Ausdruck und zur Darstellung. Diakonische Gemeinschaft rechnet mit Unterschieden, auch mit potentiell konfliktträchtigen Unterschieden und mit der Möglichkeit ihrer konstruktiven Bewältigung. Für diese Bewältigung müssen weder unterschiedliche Interessen negiert werden (siehe das Konzept der Dienstgemeinschaft) noch unterschiedliche weltanschauliche Hintergründe (siehe die Kooperation). Darum kann man sagen: der Beitrag der Diakonie zum Gemeinwohl besteht in dieser Hinsicht darin, dass in ihrer Praxis stets und überall das Bild einer differenzsensiblen Gemeinschaft von Verschiedenen zum Ausdruck kommt. Auch das ist in Zeiten, in denen die Notwendigkeit der konstruktiven Aushandlung von Verschiedenheit immer größer wird, von einer nicht zu unterschätzenden Bedeutung.

3) Jede diakonische Praxis lässt etwas erkennen von dem Anspruch, die Entwicklungsfähigkeit menschlichen Lebens zu gewährleisten als Konsequenz aus dem Glauben an Gott den Erlöser. Dem engen Zusammenhang von Schöpfung und Erlösung entsprechend, konkretisiert die christliche Überzeugung, dass der Mensch mehr ist als man von ihm sehen kann, sich in der Auffassung, dass der Mensch mehr ist, als man *zur Zeit* von ihm sehen kann. Dass wir als Gotteskinder geschaffen sind, heißt immer auch, dass noch nicht erschienen ist, was wir sein werden (1 Joh. 3,2). Die soziale Praxis des Protestantismus

setzt diesen Grundsatz dadurch um, dass sie die unverlierbare Würde des einzelnen Menschen auch und gerade dadurch respektiert, dass sie mit dessen Entwicklungsfähigkeit rechnet. Zwar trägt seine Entwicklung nichts Zusätzliches zu seiner Würde bei – und fehlende Entwicklung nimmt von seiner Würde nichts fort. Auch wird nicht erwartet, dass er sich allein aus eigener Kraft entwickelt. Und erst recht wird seine Entwicklung ihm nicht als Verdienst vor Gott angerechnet. Aber dass ein jeder Mensch, in welchem Zustand auch immer er sich befinden mag, entwicklungs*fähig* ist, dass er mehr werden könnte als zur Zeit sichtbar ist, das zählt zu den konstitutiven Momenten des christlichen Menschenbildes.

In der diakonischen Praxis kommt diese Auffassung des Menschen insbesondere in zwei Konkretionen zum Ausdruck – zum einen in der hohen Bedeutung, die die *individuelle Förderung* eines jeden Menschen in der Diakonie hat und zum anderen in dem hohen Stellenwert, den *Bildung* in der Praxis der Diakonie genießt. Beides will ich nacheinander kurz in den Blick nehmen.

a) Die individuelle Förderung eines jeden Menschen, die zu den Kennzeichen einer jeden diakonischen Tätigkeit gehört, zielt darauf, unter Anerkennung der Bedingtheit eines jeden Menschen seinen Lebensmöglichkeiten zur Entfaltung zu verhelfen – in welchem Zustand des Lebens auch immer er sich befinden mag, in welchem Umfang auch immer diese Entfaltung möglich ist.

Diakonisches Handeln als individuelle Förderung eines jeden Menschen orientiert sich an dessen Ressourcen, nicht an seinen Defiziten. Sie unterscheidet sich aber von schlichten Programmen des Empowerment dadurch, dass sie nicht etwa einem Menschenbild folgt, dem entsprechend der Mensch aus eigener Kraft sich einen Zuwachs an Selbstverwirklichung erstreiten könnte und sollte. Vielmehr realisiert sie das leitende Bild des bedürftigen, aber erlösten Menschen dadurch, dass sie ihm immer mehr zur Wahrnehmung der ihm von Gott gegebenen Souveränität verhelfen möchte. Der Mensch soll zur Wahrnehmung seiner ihm durch den erlösenden Gott gegebenen Souveränität befähigt werden, und zwar, das ist die Pointe, gerade *in* seiner Bedürftigkeit, nicht etwa *gegen* diese Bedürftigkeit. Es wäre darum auch falsch, zu denken, dass die erfolgreich erreichte Handlungsfähigkeit eines Menschen ein Ziel wäre, an dem die diakonische Praxis sich messen lassen wollte. Gerade nicht! Vielmehr ist die jederzeit vorausgesetzte Entwicklungsfähigkeit des Menschen der Grundsatz, dem jede diakonische Handlung folgt. Das ist der Unterschied zu den Konzepten des Empowerment.

Mit diesem Grundsatz gewinnt die Praxis der Diakonie ihre Bedeutung für das Gemeinwohl. Sie geht nicht von faktischer, sondern von möglicher Souveränität aus, von möglicher Autonomie, auch: von möglicher Leistungsfähigkeit und sie will die Zukunft des einzelnen Menschen nicht auf das reduzieren, was man zur Zeit von ihm erwarten kann. Das ist ein kaum zu überschätzender Grundsatz von enormer gesellschaftlicher Integrationskraft, weil er Effizienzkriterien durch den Möglichkeitssinn relativiert.

b) Dieser im Kern christliche Grundsatz, dass die Entwicklungsfähigkeit des Menschen zu gewährleisten ist, ist gesellschaftlich faktisch leitend geworden überall dort, wo dem einzelnen Menschen Bildung vermittelt wird, wo Bildungsanstrengungen ihm gelten und wo er zu Bildungsleistungen befähigt werden soll. Es ist darum nicht zufällig, sondern nur konsequent, dass Bildung in der Praxis der Diakonie einen hohen Stellenwert genießt. Bildung ist seit den Anfängen der modernen Diakonie als eines von deren Kernelementen verstanden worden; der Bildungsauftrag wird im Leitbild Diakonie festgehalten und dort übrigens direkt mit der Förderung der entwicklungsfähigen Menschen in Verbindung gebracht.[23] Der Bildungsgedanke meint dabei – in Aufnahme seiner christlichen Wurzeln und in der Gestalt, die er am Beginn des 19. Jahrhunderts gewann – keine fest umrissenen substantiellen Inhalte, auch nicht Lernprozesse, sondern etwas viel Weitergehendes: nämlich eine Haltung des Menschen, die gekennzeichnet ist durch die Bereitschaft zur permanenten Steigerung seiner Selbstständigkeit im Horizont der Herausforderungen, die seine alltägliche wie seine biographische Lebensbewältigung an ihn stellt.[24] In dieser Gestalt ist er zu einem der Schlüsselbegriffe diakonischer Praxis geworden,[25] und zwar in zwei Richtungen: zum einen als fördernder Dienst an den bedürftigen Menschen, die den diakonischen Einrichtungen anvertraut sind, und zum anderen in dem hohen Stellenwert, den die permanente Aus-, Fort- und Weiterbildung von Mitarbeitern und Mitarbeiterinnen der Diakonie auf allen Ebenen traditionell genießt.[26] Diakonische Bildung ist hier wie dort jeweils strukturell das gleiche, nämlich die Orientierung an der Aufgabe, den einzelnen Menschen immer mehr zur selbstbestimmten Führung seines Lebens und zur selbstverantworteten Wahrnehmung seiner Aufgaben zu befähigen – und ihn, das ist mindestens genauso wichtig, auch mit den Grenzen seiner selbständigen Handlungsfähigkeit vertraut zu machen und auszusöhnen. Diakonische Bildung zielt immer gleichzeitig auf die Steigerung der

Handlungsfähigkeit des individuellen Menschen wie darauf, dass der einzelne Mensch die Grenzen dieser Handlungsfähigkeit zu akzeptieren lernt.

Mit der Bedeutung, die die individuelle Förderung des Einzelnen sowie die Bildung des Einzelnen in der Praxis der Diakonie hat, wird also der christliche Grundsatz von der Entwicklungsfähigkeit und der Entwicklungswürdigkeit eines jeden Menschen gesellschaftlich präsent gehalten. Und wiederum wird man leicht erkennen können, welch hohe Bedeutung das in einer gesellschaftlichen Situation hat, in der die soziale Integration von Außenseitern zunehmend zur Lebensfrage eines gesellschaftlichen Pluralismus und damit zur politischen Aufgabe wird.

Damit will ich die Ausbuchstabierung gesellschaftlich integrativer Einstellungsmuster, die die Diakonie in ihren alltäglichen Praxisformen präsent hält, diese kleine Dogmatik der Diakonie im Öffentlichen Protestantismus, beenden.

Die diakonische Praxis, das hatte ich deutlich zu machen versucht, repräsentiert in sehr viel stärkerem Maße als das bewusst sein dürfte die integrative Kraft christlicher Grundsätze.[27] Das lässt sich zum Schluss dieser Überlegungen noch präzisieren. In der diakonischen Praxis tagtäglich sowie landauf und landab, sind diese Grundsätze nicht nur in der Weise des Appells präsent, nicht nur als gesellschaftliche Imperative. Die diakonische Praxis steht für die innergesellschaftliche *Umsetzbarkeit* der christlichen Glaubensgrundsätze von der Würde des Menschen, von der Gemeinschaft der Verschiedenen und von der Entwicklungsfähigkeit des menschlichen Lebens in Lebensformen. Genau darum ist die Diakonie ein nicht zu unterschätzender, sondern ein immer stärker zu entdeckender Modus des zivilgesellschaftlichen, gemeinwohlfördernden Engagements des Protestantismus. Die Grundsätze, die das evangelische Bewusstsein als Themen protestantischen zivilgesellschaftlichen Engagements kennt und an die ständig appellativ erinnert wird, sind in der Diakonie als Prinzipien der alltäglichen Lebensform, als Grundsätze der sozialen Praxis anschaulich. Und genau darin besteht, so scheint mir, der Beitrag der Diakonie zum Gemeinwohl: dass sie die evangelischen Grundsätze gesellschaftlicher Integration in einer die soziale Praxis grundierenden Weise präsent hält – man könnte auch sagen: *in actu*, nicht im Modus der Beschwörung. Anders gesagt: Das protestantische Engagement fürs Gemeinwohl gibt es nicht nur in der Form von Diskussionsbeiträgen, sondern insbesondere in den exemplarischen, lebendigen und anschaulichen sozialen Praktiken der Diakonie.

# Anmerkungen

## Anmerkungen zum Vorwort (S. 1–13)

1 Zum Programm des Öffentlichen Protestantismus siehe Christian Albrecht/Reiner Anselm: Öffentlicher Protestantismus. Zur aktuellen Debatte um gesellschaftliche Präsenz und politische Aufgaben des evangelischen Christentums (Theologische Studien 4), Zürich 2017. Vgl. der Sache nach auch: Evangelische Kirche in Deutschland (Hg.): Konsens und Konflikt. Politik braucht Auseinandersetzung. Zehn Impulse der Kammer für Öffentliche Verantwortung der EKD zu aktuellen Herausforderungen der Demokratie in Deutschland, Frankfurt am Main 2017.

2 Beiträge zu diesen Tagungen, die seit fünfzehn Jahren Führungskräfte der Diakonie mit Vertreterinnen und Vertretern der Fachwissenschaften, der Kirchen, der Politik und anderen Personen des öffentlichen Lebens zusammenführen, sind unter anderem in folgenden Bänden dokumentiert: Christian Albrecht (Hg.): Wieviel Pluralität verträgt die Diakonie?, Tübingen 2013. – Ders.: Wozu ist die Diakonie fähig?, Tübingen 2016.

## Anmerkungen zu *Christian Dopheide*: Zur Einführung in die Themenstellung (S. 15–31)

1 Die gegenwärtige Lage der Cretinen, Blödsinnigen und Idioten in den christlichen Ländern. Ein Noth- und Hülferuf für die Verlassensten unter den Elenden an die deutsche Nation von Julius Disselhoff. Hg. von dem rheinischen Provinzial-Ausschuß für innere Mission, Bonn 1857, S. 155, Hervorhebung im Original getilgt.

# Anmerkungen zu *Christiane Kuller*: Zwischen Nächstenliebe und Professionalisierung (S. 33–58)

1 Traugott Jähnichen u.a.: Caritas und Diakonie im „goldenen Zeitalter" des Sozialstaates. Auf- und Umbrüche in den konfessionellen Wohlfahrtsverbänden in den 1960er Jahren, in: Dies. (Hg.): Caritas und Diakonie im „goldenen Zeitalter" des bundesdeutschen Sozialstaats. Transformationen der konfessionellen Wohlfahrtsverbände in den 1960er Jahren, Stuttgart 2010, S. 11–14, 13.

2 Die Begriffe „Diakonie" und „Innere Mission" werden häufig umgangssprachlich synonym benutzt. In diesem Beitrag ist „Diakonie" bzw. „diakonisches Handeln" eine epochenübergreifende Bezeichnung. Daneben stehen die jeweiligen zeitgenössischen Institutionenbezeichnungen „Innere Mission" und „Evangelisches Hilfswerk", die 1975/76 zum „Diakonischen Werk der evangelischen Kirche in Deutschland" zusammengeführt wurden.

3 Vgl. dazu beispielsweise Adalbert Evers (Hg.): Wohlfahrtspluralismus. Vom Wohlfahrtsstaat zur Wohlfahrtsgesellschaft, Opladen 1996.

4 Mit dem Thema der religiösen Tiefensemantik europäischer Sozialstaaten beschäftigte sich u.a. ein Teilprojekt des Exzellenzclusters „Religion und Politik" an der Universität Münster (2007–2012). Die Ergebnisse wurden publiziert in den Bänden: Karl Gabriel u.a. (Hg.): Religion und Wohlfahrtsstaatlichkeit in Europa. Konstellationen – Kulturen – Konflikte, Tübingen 2013. – Karl Gabriel/Hans-Richard Reuter (Hg.): Religion und Wohlfahrtsstaatlichkeit in Deutschland. Konfession und Semantik, Tübingen 2017.

5 Vgl. dazu aktuell mit ausführlichem Forschungsüberblick Wolfgang Schroeder: Konfessionelle Wohlfahrtsverbände im Umbruch. Fortführung des deutschen Sonderwegs durch vorsorgende Sozialpolitik?, Wiesbaden 2017.

6 Gøsta Esping-Andersen: Three Worlds of Welfare Capitalism, New York 1990.

7 Philip Manow: Religion und Sozialstaat. Die konfessionellen Grundlagen europäischer Wohlfahrtsstaatsregime, Frankfurt am Main u.a. 2008.
8 Traugott Jähnichen/Norbert Friedrich: Geschichte der sozialen Ideen im deutschen Protestantismus, in: Helga Grebing (Hg.): Geschichte der sozialen Ideen in Deutschland. Sozialismus – Katholische Soziallehre – Protestantische Sozialethik. Ein Handbuch, Wiesbaden 2005, S. 885–1103. – Traugott Jähnichen: Das wirtschaftsethische Profil des sozialen Protestantismus. Zu den gesellschafts- und ordnungspolitischen Grundentscheidungen der sozialen Marktwirtschaft, in: Jahrbuch Sozialer Protestantismus (4/2010): Zauberformel Soziale Markwirtschaft, S. 18–45. – Christiane Kuller: Der Protestantismus und die Debatten um den deutschen Sozialstaat, in: Christian Albrecht/Reiner Anselm (Hg.): Teilnehmende Zeitgenossenschaft. Studien zum Protestantismus in den ethischen Debatten der Bundesrepublik Deutschland 1949–1989, Tübingen 2015, S. 53–64. Für die Zeit bis zur Mitte des 20. Jahrhunderts vgl. Jochen-Christoph Kaiser/Martin Greschat (Hg.): Sozialer Protestantismus und Sozialstaat 1890–1938, Stuttgart 1996. – Jochen-Christoph Kaiser: Evangelische Kirche und sozialer Staat. Diakonie im 19. und 20. Jahrhundert, hg. von Volker Herrmann, Stuttgart 2008.
9 Jähnichen/Friedrich: Geschichte (s. o. Anm. 8, S. 876).
10 Jähnichen/Friedrich: Geschichte (s. o. Anm. 8, S. 873 f.).
11 Jähnichen/Friedrich: Geschichte (s. o. Anm. 8, S. 874–877).
12 Vgl. dazu Friedrich Wilhelm Graf: Der Staat als Garant des Gemeinwohls. Zur Kritik etatistischer Grundorientierung der kirchlichen Soziallehren und die Neuorientierung theologischer Sozialethik, in: Klaus D. Hildemann (Hg.): Abschied vom Versorgungsstaat? Erneuerung sozialer Verantwortung zwischen Individualisierung, Markt und bürgerlichem Engagement, Mühlheim an der Ruhr 2000, S. 39–54.
13 Franz-Xaver Kaufmann: Wohlfahrtskultur – Ein neues Nasobem?, in: Reinhardt Nippert u.a. (Hg.): Kritik und Engagement. Soziologie als Anwendungswissenschaft. Festschrift für Christian von Ferber zum 65. Geburtstag, München 1991, S. 19–27. – Christoph Conrad: Die Sprachen des Wohlfahrtsstaats, in: Stephan Lessenich (Hg.): Wohlfahrtsstaatliche Grundbegriffe. Semantiken des Wohlfahrtsstaats, Frankfurt am Main 2003, S. 55–69.

14 Kuller: Protestantismus (s. o. Anm. 8, S. 55).
15 Vgl. zu dieser Methodendebatte Kim Priemel/Rüdiger Graf: Zeitgeschichte in der Welt der Sozialwissenschaften. Legitimität und Originalität einer Disziplin, in: Vierteljahrshefte für Zeitgeschichte 59 (2011), S. 479–508. – Bernhard Dietz/Christopher Neumaier: Vom Nutzen der Sozialwissenschaften für die Zeitgeschichte. Werte und Wertewandel als Gegenstand historischer Forschung, in: Vierteljahrshefte für Zeitgeschichte 60 (2012), S. 293–304. – Lutz Raphael/Jenny Pleinen: Zeithistoriker in den Archiven der Sozialwissenschaften. Erkenntnispotentiale und Relevanzgewinne für die Disziplin, in: Vierteljahrshefte für Zeitgeschichte 62 (2014), S. 173–196. – Kerstin Brückweh: Arbeitssoziologische Fallstudien. Wissensproduktion am Soziologischen Forschungsinstitut Göttingen (SOFI), historisch betrachtet, in: Zeithistorische Forschungen/Studies in Contemporary History 14 (2017), S. 149–162.
16 Jochen-Christoph Kaiser: Innere Mission, in: Jörg Hübner u.a. (Hg.): Evangelisches Soziallexikon, Stuttgart 92016, S. 720–723.
17 Thomas Nipperdey: Deutsche Geschichte 1800–1866. Bürgerwelt und starker Staat, München 1983, S. 440, vgl. dazu auch Josef Schmid: Wohlfahrtsverbände in modernen Wohlfahrtsstaaten. Soziale Dienste in historisch-vergleichender Perspektive, Opladen 1996, S. 113 f.
18 Vgl. dazu Stephan Sturm: Sozialstaat und christlich-sozialer Gedanke. Johann Hinrich Wicherns Sozialtheologie und ihre neuere Rezeption in systemtheoretischer Perspektive, Stuttgart 2007.
19 Kaiser: Innere Mission (s. o. Anm. 16).
20 In dieser Hinsicht unterscheiden sich die protestantischen Aktivitäten auch von Initiativen der katholischen Sozialreform, die lokal bzw. auf Diözesanebene angesiedelt waren.
21 Jochen-Christoph Kaiser: Innere Mission und Diakonie, in: Ursula Röper/Carola Jüllig (Hg.): Die Macht der Nächstenliebe. 150 Jahre Innere Mission und Diakonie 1848–1998, Berlin 1998, S. 14–43, 16.
22 Kaiser: Innere Mission (s. o. Anm. 16).

23 Florian Tennstedt: Sozialpolitik und innere Reichsgründung. Politische Rahmenkonstellationen in Europa als Ausgangspunkt für Deutschlands Aufbruch zum Sozialstaat, in: Günther Lottes (Hg.): Soziale Sicherheit in Europa. Renten- und Sozialversicherungssysteme im Vergleich, Heidelberg 1993, S. 57–72.
24 Angaben nach Horst Seibert auf der Homepage der Diakonie: https://www.diakonie.de/finanzierung/(letzter Zugriff am 9.1.2018).
25 Christoph Sachße/Florian Tennstedt: Geschichte der Armenfürsorge in Deutschland. Bd. 2: Fürsorge und Wohlfahrtspflege 1871–1929, Stuttgart u.a. 1988, S. 214.
26 Sachße/Tennstedt: Geschichte (s. o. Anm. 25, S. 215).
27 Manow: Religion (s. o. Anm. 7, S. 110). Im Hinblick auf die Innere Mission kann man beobachten, dass vor allem konservative Vertreter der Diakonie ihr „unpolitisches" Selbstverständnis auch nach 1919 weiter aufrechthielten. Als „politisiert" galten diesen konservativen Vertretern vor allem sozialdemokratische Ansätze. Die eigene konservative Haltung wurde als „sachlich" und „unpolitisch" angesehen. Vgl. o. Anm. 25, Bd. 2, S. 215 f.
28 Uwe Kaminsky auf der Homepage der Diakonie: https://www.diakonie.de/ns-zeit/(letzter Zugriff am 9.1.2018).
29 Vgl. dazu die Beiträge im Band Norbert Friedrich/Traugott Jähnichen (Hg.): Sozialer Protestantismus im Nationalsozialismus. Diakonische und christlich-soziale Verbände unter der Herrschaft des Nationalsozialismus, Münster 2003.
30 Sachße/Tennstedt: Geschichte (s. o. Anm. 25, Bd. 3, S. 275).
31 Norbert Friedrich: Zwangssterilisation und „Euthanasie" – das nationalsozialistische Ideologem von „unwertem Leben" und die Kirchen, in: Thomas Brechenmacher/Harry Oelke (Hg.): Die Kirchen und die Verbrechen im nationalsozialistischen Staat, Göttingen 2011, S. 125–143.
32 Zitat nach Friedrich: Zwangssterilisation (s. o. Anm. 31, S. 135).
33 Jan Cantow/Jochen-Christoph Kaiser: Paul Gerhard Braune (1887–1954). Ein Mann der Kirche und Diakonie in schwieriger Zeit, Stuttgart 2005.
34 Vgl. dazu die Ergebnisse in Jochen-Christoph Kaiser (Hg.): Zwangsarbeit in Diakonie und Kirche 1939–45, Stuttgart 2005.

35 Uwe Kaminsky: Zwangsarbeit in Evangelischer Kirche und Diakonie, in: Karl-Joseph Hummel/Christoph Kösters (Hg.): Kirchen im Krieg. Europa 1939–1945, Paderborn u.a. 2007, S. 343–362.

36 Vgl. beispielsweise Karl Gabriel/Hans-Richard Reuter: Religion und Wohlfahrtsstaatlichkeit in Deutschland. Korporatistischer Sozialversicherungsstaat mit konfessioneller Prägung, in: Karl Gabriel u.a. (Hg.): Religion und Wohlfahrtsstaatlichkeit in Europa. Konstellationen – Kulturen – Konflikte, Tübingen 2013, S. 93–140.

37 Kurt Nowak: Eugenik, Zwangssterilisation und „Euthanasie", in: Ursula Röper/Carola Jüllig (Hg.): Die Macht der Nächstenliebe. Einhundertfünfzig Jahre Innere Mission und Diakonie 1848–1998, Berlin 1998, S. 236–247, Zitate S. 247.

38 Sabine Schleiermacher: Sozialethik im Spannungsfeld von Sozial- und Rassenhygiene. Der Mediziner Hans Harmsen im Centralausschuß für die Innere Mission, Husum 1998. – Sabine Schleiermacher: Experte und Lobbyist für Bevölkerungspolitik. Hans Harmsen in Weimarer Republik, Nationalsozialismus und Bundesrepublik, in: Stefan Fisch/Wilfried Rudloff (Hg.): Experten und Politik: Wissenschaftliche Politikberatung in geschichtlicher Perspektive, Berlin 2004, S. 211–238.

39 Vgl. dazu Thomas Etzemüller: Ein ewigwährender Untergang. Der apokalyptische Bevölkerungsdiskurs im 20. Jahrhundert, Bielefeld 2007.

40 Vgl. zur Geschichte des deutschen Sozialstaats nach 1945 allgemein Hans Günter Hockerts: Der deutsche Sozialstaat. Entfaltung und Gefährdung seit 1945, Göttingen 2011.

41 Zum BSHG vgl. Friederike Föcking: Fürsorge im Wirtschaftsboom. Die Entstehung des Bundessozialhilfegesetzes von 1961, München 2007.

42 Zur Boomphase des Sozialstaats vgl. Winfried Süß: Sozialpolitische Denk- und Handlungsfelder in der Reformära, in: Hans Günter Hockerts (Hg.): Geschichte der Sozialpolitik in Deutschland seit 1945, Bd. 5: Bundesrepublik Deutschland 1966–1974. Eine Zeit vielfältigen Aufbruchs, Baden-Baden 2006, S. 157–221, sowie Hans Günter Hockerts/Winfried Süß: Der Wohlfahrtsstaat in einer Zeit vielfältigen Aufbruchs. Zur sozialpolitischen

Bilanz der Reformära, in: Hans Günter Hockerts (Hg.): Geschichte der Sozialpolitik in Deutschland seit 1945, Bd. 5: Bundesrepublik Deutschland 1966–1974. Eine Zeit vielfältigen Aufbruchs, Baden-Baden 2006, S. 943–962.

43 Jähnichen u.a.: Caritas (s. o. Anm. 1, S. 11 f.).

44 Jähnichen u.a.: Modernisierung im Zeichen der Enttraditionalisierung? – Versuch einer resümierenden Betrachtung der Transformationen von Diakonie und Caritas im „goldenen Zeitalter" des bundesdeutschen Sozialstaats in den 1960er Jahren, in: Jähnichen u.a.: Caritas (s. o. Anm. 1), S. 300–308, S. 302.

45 Jähnichen u.a.: Caritas (s. o. Anm. 1, S. 13).

46 Schon seit den 1970er Jahren veränderten sich die Sozialsysteme auch unter ökonomischem Druck von Wirtschaftskrise und Massenarbeitslosigkeit. Vom Gesetzgeber wurden ökonomische Bewertungsmuster als wesentliche Steuerungsinstrumente sozialer Arbeit implementiert. Hier liegen historische Wurzeln für ein Problem, das dann in den 1990er Jahren mit der Einführung der Pflegeversicherung virulent wurde und unter dem Stichwort „Vermarktlichung" zusammengefasst werden kann. Vgl. dazu: Hans Günter Hockerts: Vom Wohlfahrtsstaat zum Wohlfahrtsmarkt. Privatisierungstendenzen im deutschen Sozialstaat, in: Norbert Frei/Dietmar Süß (Hg.): Privatisierung. Idee und Praxis seit den 1970er Jahren, Göttingen 2012, S. 70–87.

47 Zur Geschichte der Diakonie in der DDR vgl. Ingolf Hübner/Jochen-Christoph Kaiser (Hg.): Diakonie im geteilten Deutschland, Stuttgart u.a. 1999. – Aktuell mit langer zeitlicher Perspektive: Bettina Westfeld: Innere Mission und Diakonie in Sachsen, Leipzig 2017. Zum Vergleich der Diakoniegeschichte in den beiden deutschen Diktaturen Kaiser: Innere Mission (s. o. Anm. 21).

48 Das Verhältnis zwischen Diakonie und Sozialstaat lässt sich in mehrfacher Hinsicht deklinieren. Hier steht im Vordergrund die Frage nach Professionalisierungs- und Homogenisierungstendenzen aufgrund der Einbindung protestantischer Verbände in staatliche Funktionsstrukturen. Daneben ist auch aufschlussreich, welche Staatsform bzw. welches Ordnungsmodell die Vertreter der diakonischen Arbeit als ideal bzw. erstrebenswert ansahen. Hier wäre insb. die Auseinandersetzung mit konservativen, sozialistischen und kommunistischen Modellen in den Blick zu nehmen. Interessant ist zudem die Frage nach den Finanzströmen bzw. der finanziellen Abhängigkeit zwischen Staat und dia-

konischen Einrichtungen, deren Ausrichtung und Intensität ein wesentlicher Faktor im Verhältnis zwischen Diakonie und Sozialstaat war. Die beiden letztgenannten Perspektiven können an dieser Stelle nicht weiter verfolgt werden.

49 Vgl. Rauf Ceylan/Michael Kiefer (Hg.): Muslimische Wohlfahrtspflege in Deutschland. Eine historische und systematische Einführung, Wiesbaden 2016.

50 1833 von Johann Hinrich Wichern gegründete Einrichtung der Jugendhilfe.

51 Peter Meinhold/Günter Brakelmann (Hg.): Johann Hinrich Wichern. Sämtliche Werke I–X, Berlin u.a. 1958–1988, Bd. 1, S. 199, zit. nach Sturm: Sozialstaat (s. o. Anm. 18), S. 71, Fußnote 339.

52 Das duale Spannungsverhältnis zwischen Staat und freier Wohlfahrtspflege ist seit der Einführung der Pflegeversicherung 1994 zu einer Trias geworden, in der auch marktwirtschaftliche Anbieter eine wichtige Rolle spielen. Subsidiarität und Gemeinnützigkeit, die Grundmerkmale diakonischen Handelns im deutschen Sozialstaat seit seiner Gründung im 19. Jahrhundert, wurden dadurch entkräftet.

53 Jüster spricht im Hinblick auf die Adaption vermarktlichter Wohlfahrtsstrukturen davon, dass aus „funktionalen Dilettanten“ „systemkonforme Opportunisten“ geworden seien. Markus Jüster: Die verfehlte Modernisierung der Freien Wohlfahrtspflege. Eine institutionalistische Analyse der Sozialwirtschaft, Baden-Baden 2015, zit. nach Schroeder: Wohlfahrtsverbände (s. o. Anm. 5), S. 16.

54 Andreas Henkelmann u.a.: Abschied von der konfessionellen Identität? Diakonie und Caritas im Prozess der Modernisierung des deutschen Sozialstaates seit den 1960er Jahren, in: Dies. (Hg.): Abschied von der konfessionellen Identität? Diakonie und Caritas in der Modernisierung des deutschen Sozialstaats seit den sechziger Jahren, Stuttgart 2012, S. 7–17, 16 f.

55 Karl Gabriel: Von der Caritas zum sozial-caritativen Handeln der Kirche. Transformationen im Selbstverständnis der Caritas in den 60er Jahren, in: Jähnichen u.a.: Caritas (s. o. Anm. 1), S. 56–73, S. 65 ff.

## Anmerkungen zu *Andreas Busch:* Der delegierende Staat (S. 59–80)

1 Vgl. Wolfgang Schroeder: Konfessionelle Wohlfahrtsverbände im Umbruch. Fortführung des deutschen Sonderwegs durch vorsorgende Sozialpolitik?, Wiesbaden 2017, S. 1.
2 Für dies und das folgende vgl. Franz-Xaver Kaufmann: Varianten des Wohlfahrtsstaats. Der deutsche Sozialstaat im internationalen Vergleich, Frankfurt am Main 2003, S. 304.
3 Schroeder: Wohlfahrtsverbände (s. o. Anm. 1, S. 3).
4 Hierzu und zum folgenden Manfred G. Schmidt u.a. (Hg.): Der Wohlfahrtsstaat. Eine Einführung in den historischen und internationalen Vergleich, Wiesbaden 2007, S. 123 f.
5 Alle folgenden Angaben aus Bundesarbeitsgemeinschaft der Bundesarbeitsgemeinschaft der Freien Wohlfahrtspflege: Einrichtungen und Dienste der freien Wohlfahrtspflege. Gesamtstatistik 2012, Berlin 2014.
6 Zahlen nach Schroeder: Wohlfahrtsverbände (s. o. Anm. 1, S. 34).
7 Thomas Großbölting: Der verlorene Himmel. Glaube in Deutschland seit 1945, Göttingen 2013.
8 Martin Greschat: Der Protestantismus in der Bundesrepublik Deutschland (1945–2005), Leipzig 2011.
9 Christof Wolf/Matthias Koenig (Hg.): Religion und Gesellschaft, Wiesbaden 2013.
10 Michael Minkenberg/Ulrich Willems (Hg.): Politik und Religion, Opladen/Wiesbaden 2003
11 Birgit Fix/Elisabeth Fix: Kirche und Wohlfahrtsstaat. Soziale Arbeit kirchlicher Wohlfahrtsorganisationen im westeuropäischen Vergleich, Freiburg im Breisgau 2005
12 Wolfgang Schroeder: Konfessionelle Wohlfahrtsverbände im Umbruch. Fortführung des deutschen Sonderwegs durch vorsorgende Sozialpolitik?, Wiesbaden 2017.
13 Philip Manow: Religion und Sozialstaat. Die konfessionellen Grundlagen europäischer Wohlfahrtsstaatsregime, Frankfurt am Main u.a. 2008.
14 Siehe zur Analyse dieser Tradition von Staatsentwicklung die Analysen, welche versammelt sind bei Everhard Holtmann (Hg.): Staatsentwicklung und Policyforschung. Politikwissenschaftliche Analysen der Staatstätigkeit, Wiesbaden 2004.

15 Siehe als Beispiele Christopher Hood: The Risk Game and the Blame Game, in: Government & Opposition 37 (2002), S. 15–37 und die umfassende Aufsatzsammlung von Arjen Boin (Hg.): Crisis management, Los Angeles, Kalifornien 2008.
16 Ulrich Beck: Risikogesellschaft. Auf dem Weg in eine andere Moderne, Frankfurt am Main 1986.
17 So R. Kent Weaver: The Politics of Blame Avoidance, in: Journal of Public Policy 6 (1968), S. 371.
18 Ein illustratives Beispiel für das hier Geschilderte bietet ein Bericht der BBC aus dem Jahr 2000, unter http://news.bbc.co.uk/2/hi/health/598233.stm (letzter Zugriff am 08.11.2017).
19 Peter J. Katzenstein: Policy and politics in West Germany. The growth of a semisovereign state, Philadelphia 1987.
20 Die Begabtenförderungswerke unterhalten auch eine gemeinsame Website, auf der Informationen über ihre Arbeit erhältlich sind. Sie findet sich unter https://www.stipendiumplus.de/startseite.html (letzter Zugriff am 21.11.2017).
21 Vgl. Gordon Smith: Does West German democracy have an efficient secret?, in: West European Politics 4 (1981), S. 166–176.
22 Vgl. Karl-Heinz Bohrer: Der Konsens-Staat, in: Merkur 56 (2002), Heft 639, S. 623–628, 623.

## Anmerkungen zu *Christian Albrecht*: Diakonie als gesellschaftliche Praxis des Öffentlichen Protestantismus (S. 81–104)

1 Freiwilliges Engagement in der bayerischen Diakonie. Positionspapier, hg. vom Diakonischen Werk Bayern, 2008, S. 10 (www.b-b-e.de/uploads/media/nl11_diakonie-bayern.pdf; letzter Zugriff am 1. November 2017).

2 Wichern-Jahr 2008. Leitsätze, hg. vom Diakonischen Werk der EKD, Absatz 9 (www.krankenpflege-journal.com/home/42-kirche/58-wichernroeper.html; letzter Zugriff am 1. November 2017).

3 Vgl. z.B. http://www.ev-akademie-boll.de/tagungsarchiv/450917.html (13./14. Juli 2017 in der Evangelischen Akademie Bad Boll). – http://gwoe-bayern.org/Veranstaltung/fachtag-gemeinwohloekonomie-der-diakonie/ (30. Juni 2016 im Haus Eckstein, Nürnberg). – Ist eine andere Welt möglich? Gemeinwohl-Ökonomie – Ein Wirtschaftsmodell auf dem Prüfstand. Fachtag der Diakonie Bayern am 16. Februar 2016 im Heimatministerium Nürnberg (https://www.diakonie-bayern.de/fileadmin/user_upload/Fachtag_Gemeinwohl_Ökonomie_K8.pdf; letzter Zugriff am 5. März 2018). – Wirtschaft, Kirche und Gemeinwohl. 2. Württembergisches Forum Kirche-Wirtschaft-Arbeitswelt, 17. bis 18. Oktober 2014 in der Evangelischen Akademie Bad Boll (http://www.ev-akademie-boll.de/tagungen/details/621114.pdf).

4 http://www.herzogsaegmuehle.de/2829.0.html (letzter Zugriff am 1. November 2017).

5 Vgl. z.B.: Martin Horstmann/Elke Neuhausen: Mutig mittendrin. Gemeinwesendiakonie in Deutschland. Eine Studie des Sozialwissenschaftlichen Instituts der EKD, Berlin 22010.

6 Theodor Strohm: „Wichern drei" – auf dem Weg zu einer neuen Kultur des Sozialen, in: Ders.: Diakonie in der Perspektive der verantwortlichen Gesellschaft. Beiträge zur sozialen Verantwortung der Kirche II, hg. von Volker Herrmann. Mit einem Geleitwort von Heinz Schmidt, Heidelberg 2003, S. 168–173. – Volker Herrmann/Martin Horstmann (Hg.): Wichern drei – gemeinwesendiakonische Impulse, Neukirchen-Vluyn 2010.

7 Herfried Münkler/Karsten Fischer: Art. Gemeinwohl, in: Stefan Gosepath u.a. (Hg.): Handbuch der Politischen Philosophie und Sozialphilosophie, Band 1, Berlin 2008, S. 384–391, 389.
8 Franz-Xaver Kaufmann: Sozialpolitik zwischen Gemeinwohl und Solidarität, in: Herfried Münkler/Karsten Fischer (Hg.): Gemeinwohl und Gemeinsinn. Rhetoriken und Perspektiven sozial-moralischer Orientierung, Berlin 2002, S. 19–54, 33.
9 Eugen Gerstenmaier: Kirche und Öffentlichkeit. Vortrag bei der Jahrhundertfeier der Inneren Mission in Bethel am 29. September 1948, in: Ders. u.a.: Die Kirche in der Öffentlichkeit, Stuttgart 1948, S. 9–21, 10.
10 Eugen Gerstenmaier: „Wichern Zwei". Zum Verhältnis von Diakonie und Sozialpolitik (1953), jetzt in: Wolfgang Maaser/Gerhard K. Schäfer (Hg.): Geschichte der Diakonie in Quellen. Vom Anfang des 19. Jahrhunderts bis zur Gegenwart, Neukirchen-Vluyn 2016, S. 436–450.
11 Vgl. die Bearbeitung des zuvor genannten Aufsatzes als: Eugen Gerstenmaier: „Wichern Zwei". Zum Verhältnis von Diakonie und Sozialpolitik, in: Herbert Krimm (Hg.): Das diakonische Amt der Kirche, Stuttgart 21965, S. 467–518, 499.
12 Alfred Jäger: Diakonie als christliches Unternehmen. Theologische Wirtschaftsethik im Kontext diakonischer Unternehmenspolitik, Gütersloh 1986, S. 325.
13 Johannes Degen: Diakonie im Widerspruch. Zur Politik der Barmherzigkeit im Sozialstaat, München 1985, S. 101
14 Christian Link: Die Kirche als Grenze des Staates, in: Michael Welker (Hg.): Brennpunkt Diakonie, Neukirchen-Vluyn 1997, S. 125–138, 137.
15 Jürgen Schmude: Wieviel Diakonie braucht die Gesellschaft?, in: Michael Welker (Hg.): Brennpunkt Diakonie, Neukirchen-Vluyn 1997, S. 145–151, 149.151.
16 Dietmar Kehlbreier: Öffentliche Diakonie. Wandlungen im kirchlich-diakonischen Selbstverständnis in der Bundesrepublik der 1960er- und 1970er-Jahre, Leipzig 2009. – Heinrich Bedford-Strohm: Diakonie in der Perspektive „Öffentlicher Theologie". Gegenwärtige Entwürfe, in: Johannes Eurich/Heinz Schmidt (Hg.): Diakonie. Grundlagen – Konzepte – Diskurse, Göttingen 2016, S. 145–161.

17 Der Unterschied zu den von mir hier vorgetragenen Überlegungen liegt im Wesentlichen darin, dass eine im Geiste der Öffentlichen Theologie agierende Öffentliche Diakonie stark damit beschäftigt ist, Nähe und Distanz zum Staat, zum ökonomischen Paradigma, zu Kooperationspartnern usw. auszuloten, um glaubwürdig zu bleiben. In dem nachstehend vorgetragenen Programmentwurf einer Diakonie als Bestandteil des Öffentlichen Protestantismus liegt der Akzent dagegen viel stärker darauf, die faktischen gesellschaftsintegrativen Momente der Diakonie herauszustellen.

18 Werner M. Ruschke: Spannungsfelder heutiger Diakonie, Stuttgart u.a. 2007, S. 44.

19 Ich nehme dabei eine auf die Diakonie bezogene Konkretion von Grundsätzen des Programms des Öffentlichen Protestantismus vor, das ich zusammen mit Reiner Anselm an anderem Ort vorgestellt habe: Christian Albrecht/Reiner Anselm: Öffentlicher Protestantismus. Zur aktuellen Debatte um gesellschaftliche Präsenz und politische Aufgaben des evangelischen Christentums (Theologische Studien 4), Zürich 2017. Zu den Unterschieden von einer „Öffentlichen Diakonie" vgl. Kehlbreier: Diakonie (s.o. Anm. 16).

20 Adolf von Harnack: Das Wesen des Christentums. Sechzehn Vorlesungen vor Studierenden aller Fakultäten im Wintersemester 1899/1900 an der Universität Berlin gehalten, hg. von Claus-Dieter Osthövener, Tübingen 2005, S. 43 [vierte Vorlesungsstunde].

21 Reiner Anselm: Die Würde des gerechtfertigten Menschen. Zur Hermeneutik des Menschenwürdearguments aus der Perspektive der theologischen Ethik, in: Zeitschrift für Evangelische Ethik 43 (1999), S. 123–136.

22 Dazu Christian Albrecht: Wozu ist die Diakonie fähig?, Tübingen 2016, S. 93–105.

23 Leitbild Diakonie, z.B.: http://www.diakonie.de/leitbild-9146.html (letzter Zugriff am 20. November 2017), unpaginierte S. 3: „Wir begleiten und beraten Menschen in allen Lebenslagen. Wir pflegen und heilen, trösten, stärken und fördern sie und bilden sie aus."

24 Dazu Christian Albrecht: Bildung in der Praktischen Theologie, Tübingen 2003, S. 20–50.

25 Heinz Schmidt: Diakonisches Lernen – diakonische Bildung, in: Günter Ruddat/Gerhard K. Schäfer (Hg.): Diakonisches Kompendium, Göttingen 2005, S. 421–438. – Johannes Eurich/Christian Oelschlägel (Hg.): Diakonie und Bildung, Stuttgart 2008. – Vgl. auch: Maße des Menschlichen. Evangelische Perspektiven zur Bildung in der Wissens- und Lerngesellschaft. Eine Denkschrift des Rates der Evangelischen Kirche in Deutschland, 2003 (https://www.ekd.de/denkschrift_154_einleitung.html, letzter Zugriff am 20. November 2017).

26 Dazu zum Beispiel: Karl Ernst Nipkow: Diakonische Bildung und biblische Mitte: Zur Tiefengrammatik der Bildungsmetaphorik, in: Gottfried Adam u.a. (Hg.): Unterwegs zu einer Kultur des Helfens. Handbuch des diakonisch-sozialen Lernens, Calw u.a. 2006, S. 15–32. – Jürgen Gohde: Profile diakonisch-sozialer Bildung, in: a.a.O., S. 33–42.

27 Dazu Wolfang Huber: Den Menschen entdecken. Zukunftsaufgaben der Diakonie, in: Michael Welker (Hg.): Brennpunkt Diakonie, Neukirchen 1997, S. 39–47. – Kehlbreier: Diakonie (s.o. Anm. 16), bes. S. 319–343.

# Personenregister

# Autorenverzeichnis

*Hatice Akyün*, geb. 1969, ist Journalistin und Schriftstellerin in Berlin.

*Christian Albrecht*, geb. 1961, ist Inhaber des Lehrstuhls für Praktische Theologie in der Evangelisch-Theologischen Fakultät der Ludwig-Maximilians-Universität München.

*Andreas Busch*, geb. 1962, ist Inhaber des Lehrstuhls für Vergleichende Politikwissenschaft und Politische Ökonomie in der Sozialwissenschaftlichen Fakultät der Georg-August-Universität Göttingen.

*Christian Dopheide*, geb. 1956, ist Theologischer Vorstand der Evangelischen Stiftung Hephata in Mönchengladbach und Vorstandsvorsitzender des Verbandes diakonischer Dienstgeber in Deutschland.

*Christiane Kuller*, geb. 1970, ist Inhaberin des Lehrstuhls für Neuere und Zeitgeschichte und Geschichtsdidaktik in der Philosophischen Fakultät der Universität Erfurt.